16	3	2	13
5	10	11	8
9	6	7	12
4	15	14	1

coleção TRANS

Gilles Deleuze

CRÍTICA E CLÍNICA

Tradução
Peter Pál Pelbart

editora 34

EDITORA 34

Editora 34 Ltda.
Rua Hungria, 592 Jardim Europa CEP 01455-000
São Paulo - SP Brasil Tel/Fax (11) 3811-6777 www.editora34.com.br

Edição conforme o Acordo Ortográfico da Língua Portuguesa.

Título original:
Critique et clinique

Capa, projeto gráfico e editoração eletrônica:
Bracher & Malta Produção Gráfica

Revisão técnica:
Luiz B. L. Orlandi

1ª Edição - 1997 (3 Reimpressões),
2ª Edição - 2011 (2ª Reimpressão - 2019)

Catalogação na Fonte do Departamento Nacional do Livro
(Fundação Biblioteca Nacional, RJ, Brasil)

Deleuze, Gilles, 1925-1995
D348c Crítica e clínica / Gilles Deleuze; tradução de Peter Pál Pelbart. — São Paulo: Editora 34, 2011 (2ª Edição).
208 p. (Coleção TRANS)

ISBN 978-85-7326-069-4

Tradução de: Critique et clinique

1. Análise do discurso literário. 2. Criticismo (Filosofia). I. Título. II. Série.

CDD - 401.41

CRÍTICA E CLÍNICA

Para facilitar a pesquisa, os confrontos e as correções, as páginas da edição original francesa estão indicadas, entre colchetes e em itálico, ao longo do texto.

"Os belos livros estão escritos numa espécie de língua estrangeira."

Proust, *Contre Sainte-Beuve*

PRÓLOGO
[9]

Este conjunto de textos, dos quais alguns são inéditos, outros já publicados, organiza-se em torno de determinados problemas. O problema de *escrever*: o escritor, como diz Proust, inventa na língua uma nova língua, uma língua de algum modo estrangeira. Ele traz à luz novas potências gramaticais ou sintáticas. Arrasta a língua para fora de seus sulcos costumeiros, leva-a a *delirar*. Mas o problema de escrever é também inseparável de um problema de *ver* e de *ouvir*: com efeito, quando se cria uma outra língua no interior da língua, a linguagem inteira tende para um limite "assintático", "agramatical", ou que se comunica com seu próprio fora.

O limite não está fora da linguagem, ele é o seu fora: é feito de visões e audições não linguageiras, mas que só a linguagem torna possíveis. Por isso há uma pintura e uma música próprias da escrita, como efeitos de cores e de sonoridades que se elevam acima das palavras. É através das palavras, entre as palavras, que se vê e se ouve. Beckett falava em "perfurar buracos" na linguagem para ver ou ouvir "o que está escondido atrás". De cada escritor é preciso dizer: é um vidente, um ouvidor, "mal visto mal dito", é um colorista, um músico.

Essas visões, essas audições não são um assunto privado, mas formam as figuras de uma história e de uma geografia incessantemente reinventadas. É o delírio que as inventa, como *processo* que arrasta as palavras de um extremo a outro do universo. São acontecimentos na fronteira da linguagem. Porém, quando o delírio recai no *estado clínico*, as palavras em nada mais desembocam, já não se ouve nem se vê coisa alguma através delas, exceto uma noite que perdeu sua história, suas cores e seus cantos. A literatura é uma saúde.

Esses problemas traçam um conjunto de caminhos. Os textos aqui apresentados, e os autores considerados, são tais caminhos. Uns *[10]* são curtos, outros mais longos, mas eles se cruzam, tornam a passar pelos mesmos lugares, aproximam-se ou se separam, cada qual oferece uma vista sobre outros. Alguns são impasses fechados pela doença. Toda obra é uma viagem, um trajeto, mas que só percorre tal ou qual caminho exterior em virtude dos caminhos e trajetórias interiores que a compõem, que constituem sua paisagem ou seu concerto.

1.
A LITERATURA E A VIDA
[11]

Escrever não é certamente impor uma forma (de expressão) a uma matéria vivida. A literatura está antes do lado do informe, ou do inacabamento, como Gombrowicz o disse e fez. Escrever é um caso de devir, sempre inacabado, sempre em via de fazer-se, e que extravasa qualquer matéria vivível ou vivida. É um processo, ou seja, uma passagem de Vida que atravessa o vivível e o vivido. A escrita é inseparável do devir: ao escrever, estamos num devir-mulher, num devir-animal ou vegetal, num devir-molécula, até num devir-imperceptível. Esses devires encadeiam-se uns aos outros segundo uma linhagem particular, como num romance de Le Clézio, ou então coexistem em todos os níveis, segundo portas, limiares e zonas que compõem o universo inteiro, como na pujante obra de Lovecraft. O devir não vai no sentido inverso, e não entramos num devir-Homem, uma vez que o homem se apresenta como uma forma de expressão dominante que pretende impor-se a toda matéria, ao passo que mulher, animal ou molécula têm sempre um componente de fuga que se furta à sua própria formalização. A vergonha de ser um homem: haverá razão melhor para escrever? Mesmo quando é uma mulher que devém, ela tem de devir-mulher, e esse devir nada tem a ver com um estado que ela poderia reivindicar. Devir não é atingir uma forma (identificação, imitação, Mimese), mas encontrar a zona de vizinhança, de indiscernibilidade ou de indiferenciação tal que já não seja possível distinguir-se de *uma* mulher, de *um* animal ou de *uma* molécula: não imprecisos nem gerais, mas imprevistos, não-preexistentes, tanto menos determinados numa forma quanto se singularizam numa população. Pode-se instaurar uma zona de vizinhança com não importa o quê, sob a condição de criar os meios literários para tanto, tal como com o áster, segundo André *[12]* Dhôtel. Algo passa entre os sexos, entre os gêneros ou entre os reinos.[1] O devir está sempre "entre" ou "no meio": mulher entre as mulheres, ou animal no meio dos outros. Mas o artigo indefinido só efetua sua potência se o termo que ele faz devir é por seu turno despojado das características formais que fazem dizer *o*, *a* ("o animal que aqui está..."). Quando Le Clézio devém índio, é um índio sempre inacabado, que não sabe "cultivar o milho nem talhar uma piroga": mais do que adquirir características formais, ele entra numa zona de vizinhança.[2] O mesmo ocorre, segundo Kafka, com o campeão de natação que não sabia nadar. Toda escrita comporta um atletismo; porém, longe de reconciliar a literatura com os esportes, ou de converter a escrita num jogo olímpico, esse atletismo se exerce na fuga e na defecção orgânicas: um esportista na cama, dizia Michaux. Tornamo-nos tanto mais animal quanto o próprio animal morre; e, contrariamente a um preconceito espiritualista, é o animal que sabe morrer e tem o senso e o pressentimento correspondentes. A literatura começa com a morte do porco-espinho, segundo Lawrence, ou com a morte da toupeira, segundo Kafka: "Nossas pobres patinhas vermelhas estendidas num gesto de terna piedade". Escreve-se para os bezerros que morrem, dizia Moritz.[3] A língua tem de alcançar desvios femininos, animais, moleculares, e todo desvio é um devir mortal. Não há linha reta, nem nas coisas nem na linguagem. A sintaxe é o conjunto dos desvios necessários criados a cada vez para revelar a vida nas coisas.

Escrever não é contar as próprias lembranças, suas viagens, seus amores e lutos, sonhos e fantasmas. Pecar por excesso de rea-

[1] Cf. André Dhôtel, *Terres de mémoire*, Paris, Éditions J.-P. Delarge/ Universitaires, 1979 (sobre um devir-áster em *La Chronique fabuleuse*, p. 225).

[2] J. M. G. Le Clézio, *Haï*, Paris, Flammarion, 1971, p. 5. Em seu primeiro romance, *Le Procès-verbal* (Paris, Gallimard, 1963), Le Clézio apresentava de maneira quase exemplar um personagem tomado num devir-mulher, depois num devir-rato, a seguir num devir-imperceptível em que ele se esvai.

[3] Cf. Jean-Cristophe Bailly, *La Légende dispersée: anthologie du romantisme allemand*, Paris, Éditions 10-18, 1976, p. 38.

lidade ou de imaginação é a mesma coisa: em ambos os casos é o eterno papai-mamãe, estrutura edipiana que se projeta no real ou se introjeta no imaginário. É um pai que se vai buscar no final da viagem, como no seio do sonho, numa concepção infantil da literatura. Escreve-se para pai-mãe. Marthe Robert levou ao extremo *[13]* essa infantilização, essa psicanalização da literatura, não deixando outra escolha ao romancista senão a de Bastardo ou Criança abandonada.[4] Nem o devir-animal está a salvo de uma redução edipiana, do gênero "meu gato, meu cão". Como diz Lawrence, "se eu sou uma girafa, e os ingleses ordinários que escrevem sobre mim são simpáticos cachorrinhos bem-educados, tudo se reduz a isso, os animais são diferentes... vocês detestam instintivamente o animal que eu sou".[5] Em regra geral, os fantasmas só tratam o indefinido como a máscara de um pronome pessoal ou de um possessivo: "bate-se *numa* criança" se transforma rapidamente em "meu pai me bateu". Mas a literatura segue a via inversa, e só se instala descobrindo sob as aparentes pessoas a potência de um impessoal, que de modo algum é uma generalidade, mas uma singularidade no mais alto grau: um homem, uma mulher, um animal, um ventre, uma criança... As duas primeiras pessoas do singular não servem de condição à enunciação literária; a literatura só começa quando nasce em nós uma terceira pessoa que nos destitui do poder de dizer Eu (o "neutro" de Blanchot).[6] Por certo, os personagens literários estão perfeitamente individuados, e não são imprecisos nem gerais; mas todos os seus traços individuais os elevam a uma visão que os arrasta num indefinido como um devir potente demais para eles: Ahab e a visão de Moby Dick. De modo algum o Avarento é

[4] Marthe Robert, *Roman des origines et origines du roman*, Paris, Grasset, 1972.

[5] D. H. Lawrence, *Lettres choisies*, Paris, Plon, 1934, II, p. 237.

[6] Maurice Blanchot, *La part du feu*, Paris, Gallimard, 1949, pp. 29-30, e *L'Entretien infini*, Paris, Gallimard, 1969, pp. 563-4: "Algo acontece (aos personagens) que estes só podem retomar renunciando ao poder de dizer Eu". A literatura nesse caso parece desmentir a concepção linguística que encontra nos embreantes, e especialmente nas duas primeiras pessoas, a própria condição da enunciação.

um tipo, mas, ao contrário, seus traços individuais (amar uma rapariga etc.) fazem-no chegar a uma visão, ele *vê* o ouro, de tal maneira que se põe a fugir sobre uma linha de feitiçaria na qual ganha a potência do indefinido — *um* avarento..., *um tanto* de ouro, mais ouro... Não há literatura sem fabulação, mas, como Bergson soube vê-lo, a fabulação, a função fabuladora não consiste em imaginar nem em projetar um eu. Ela atinge sobretudo essas visões, eleva-se até esses devires ou potências.

Não se escreve com as próprias neuroses. A neurose, a psicose não são passagens de vida, mas estados em que se cai quando o processo é interrompido, impedido, colmatado. *[14]* A doença não é processo, mas parada do processo, como no "caso Nietzsche". Por isso o escritor, enquanto tal, não é doente, mas antes médico, médico de si próprio e do mundo. O mundo é o conjunto dos sintomas cuja doença se confunde com o homem. A literatura aparece, então, como um empreendimento de saúde: não que o escritor tenha forçosamente uma saúde de ferro (haveria aqui a mesma ambiguidade que no atletismo), mas ele goza de uma frágil saúde irresistível, que provém do fato de ter visto e ouvido coisas demasiado grandes para ele, fortes demais, irrespiráveis, cuja passagem o esgota, dando-lhe contudo devires que uma gorda saúde dominante tornaria impossíveis.[7] Do que viu e ouviu, o escritor regressa com os olhos vermelhos, com os tímpanos perfurados. Qual saúde bastaria para libertar a vida em toda parte onde esteja aprisionada pelo homem e no homem, pelos organismos e gêneros e no interior deles? A frágil saúde de Espinosa, enquanto dura, dá até o fim testemunho de uma nova visão à passagem da qual ela se abre.

A saúde como literatura, como escrita, consiste em inventar um povo que falta. Compete à função fabuladora inventar um povo. Não se escreve com as próprias lembranças, a menos que delas se faça a origem ou a destinação coletivas de um povo por vir ainda enterrado em suas traições e renegações. A literatura ameri-

[7] Sobre a literatura como questão de saúde, mas para aqueles que não a possuem ou só possuem uma saúde frágil, cf. Henri Michaux, posfácio a "Mes proprietés", in *La Nuit remue*, Paris, Gallimard, 1972. E Le Clézio, *Haï*, p. 7: "Um dia talvez saberão que não havia arte, mas apenas medicina".

cana tem esse poder excepcional de produzir escritores que podem contar as próprias recordações, mas como as de um povo universal composto pelos emigrantes de todos os países. Thomas Wolfe "põe por escrito toda a América, tanto quanto possa encontrar-se na experiência de um único homem".[8] Precisamente, não é um povo chamado a dominar o mundo. É um povo menor, eternamente menor, tomado num devir-revolucionário. Talvez ele só exista nos átomos do escritor, povo bastardo, inferior, dominado, sempre em devir, sempre inacabado. Bastardo já não designa um estado de família, mas o processo ou a deriva das raças. Sou um animal, um negro de raça inferior *[15]* desde a eternidade. É o *devir* do escritor. Kafka, para a Europa central, e Melville, para a América, apresentam a literatura como a enunciação coletiva de um povo menor, ou de todos os povos menores, que só encontram expressão no escritor e através dele.[9] Embora remeta sempre a agentes singulares, a literatura é agenciamento coletivo de enunciação. A literatura é delírio, mas o delírio não diz respeito a pai-mãe: não há delírio que não passe pelos povos, pelas raças e tribos, e que não ocupe a história universal. Todo delírio é histórico-mundial, "deslocamento de raças e de continentes". A literatura é delírio e, a esse título, seu destino se decide entre dois polos do delírio. O delírio é uma doença, a doença por excelência a cada vez que erige uma raça pretensamente pura e dominante. Mas ele é a medida da saúde quando invoca essa raça bastarda oprimida que não para de agitar-se sob as dominações, de resistir a tudo o que esmaga e aprisiona e de, como processo, abrir um sulco para si na literatura. Também aí um estado doentio ameaça sempre interromper o processo ou o devir; e se reencontra a mesma ambiguidade que se nota no caso da saúde e do atletismo, o risco constante de que um delírio de dominação se misture ao delírio bastardo e arraste a literatura em direção

[8] André Bay, prefácio a Thomas Wolfe, *De la mort au matin*, Paris, Éditions Stock, 1948.

[9] Cf. as reflexões de Kafka sobre as literaturas ditas menores, *Journal*, Paris, Livre de Poche, 1982, pp. 179-82; e as de Herman Melville sobre a literatura americana, *D'où viens-tu, Hawthorne?*, Paris, Gallimard, 1986, pp. 237-40.

a um fascismo larvado, a uma doença contra a qual ela luta, pronta para diagnosticá-la em si mesma e para lutar contra si mesma. Fim último da literatura: pôr em evidência no delírio essa criação de uma saúde, ou essa invenção de um povo, isto é, uma possibilidade de vida. Escrever por esse povo que falta... ("por" significa "em intenção de" e não "em lugar de").

O que a literatura produz na língua já aparece melhor: como diz Proust, ela traça aí precisamente uma espécie de língua estrangeira, que não é uma outra língua, nem um dialeto regional redescoberto, mas um devir-outro da língua, uma minoração dessa língua maior, um delírio que a arrasta, uma linha de feitiçaria que foge ao sistema dominante. Kafka faz o campeão de natação dizer: falo a mesma língua que você e, no entanto, não compreendo sequer uma palavra do que você diz. Criação sintática, estilo, tal é o devir da língua: não há *[16]* criação de palavras, não há neologismos que valham fora dos efeitos de sintaxe nos quais se desenvolvem. Assim, a literatura apresenta já dois aspectos, quando opera uma decomposição ou uma destruição da língua materna, mas também quando opera a invenção de uma nova língua no interior da língua mediante a criação de sintaxe. "A única maneira de defender a língua é atacá-la... Cada escritor é obrigado a fabricar para si sua língua...[10] Dir-se-ia que a língua é tomada por um delírio que a faz precisamente sair de seus próprios sulcos. Quanto ao terceiro aspecto, provém do fato de que uma língua estrangeira não é escavada na própria língua sem que toda a linguagem por seu turno sofra uma reviravolta, seja levada a um limite, a um fora ou um avesso que consiste em Visões e Audições que já não pertencem a língua alguma. Essas visões não são fantasmas, mas verdadeiras Ideias que o escritor vê e ouve nos interstícios da linguagem, nos desvios de linguagem. Não são interrupções do processo, mas paragens que dele fazem parte, como uma eternidade que só pode ser revelada no devir, uma paisagem que só aparece no movimento. Elas não estão fora da linguagem, elas são o seu fora. O escritor

[10] Proust, *Correspondance avec Madame Straus*, carta 47, Paris, Livre de Poche, 1974, pp. 110-5 ("não existem certezas, mesmo gramaticais...").

como vidente e ouvidor, finalidade da literatura: é a passagem da vida na linguagem que constitui as Ideias.

Estes são os três aspectos perpetuamente em movimento em Artaud: a omissão das letras na decomposição da linguagem materna (R, T...); sua retomada numa nova sintaxe ou novos nomes com valor sintático, criadores de uma língua [*êTReTé*]; enfim, as palavras-sopro, limite assintático para onde tende toda linguagem. E Céline, não podemos nos impedir de dizê-lo, por mais sumário que o sintamos: *Viagem ao fundo da noite* ou a decomposição da língua materna; *Morte a crédito* e a nova sintaxe como uma língua no interior da língua; *Guignol's Band* e as exclamações suspensas como limite da linguagem, visões e sonoridades explosivas. Para escrever, talvez seja preciso que a língua materna seja odiosa, mas de tal maneira que uma criação sintática nela trace uma espécie de língua estrangeira e que a linguagem inteira revele seu fora, para além de toda *[17]* sintaxe. Acontece de felicitarem um escritor, mas ele bem sabe que está longe de ter atingido o limite que se propõe e que não para de furtar-se, longe de ter concluído seu devir. Escrever é também tornar-se outra coisa que não escritor. Aos que lhe perguntam em que consiste a escrita, Virginia Woolf responde: Quem fala de escrever? O escritor não fala disso, está preocupado com outra coisa.

Considerando-se esses critérios, vê-se que, entre todos os que fazem livros com intenções literárias, mesmo entre os loucos, são muito poucos os que podem dizer-se escritores.

2.
LOUIS WOLFSON, OU O PROCEDIMENTO
[18]

Louis Wolfson, autor do livro *Le Schizo et les langues*, chama-se a si mesmo "o estudante de língua esquizofrênico", "o estudante enfermo mentalmente", "o estudante de idiomas demente" ou, segundo sua grafia reformada, "o jovem öme sqizofrênico". Esse impessoal esquizofrênico tem vários sentidos e não indica para o autor unicamente o vazio de seu próprio corpo: trata-se de um combate em que o herói só pode apreender-se sob uma espécie anônima análoga à do "jovem soldado". Trata-se também de um empreendimento científico, no qual o estudante não tem outra identidade senão a de uma combinação fonética ou molecular. Por último, trata-se, para o autor, não tanto de contar o que sente e pensa mas de dizer exatamente o que faz. Entre os aspectos mais originais desse livro está o fato de ser um protocolo de experimentação ou de atividade. O segundo livro de Wolfson, *Ma mère musicienne est morte...*, será apresentado como um livro escrito a quatro mãos, precisamente por estar entrecortado pelos protocolos médicos da mãe cancerosa.[1]

O autor é americano, mas os livros estão escritos em francês, por razões que logo ficarão evidentes. O que o estudante faz é traduzir segundo certas regras. Seu procedimento é o seguinte: dada uma palavra da língua materna, encontrar uma palavra estrangeira com sentido similar, mas que tenha sons ou fonemas comuns (de preferência em francês, alemão, russo ou hebraico, as quatro línguas principais estudadas pelo autor). Por exemplo, *Where?* será traduzido por *Wo? Hier?* onde? aqui?, ou melhor ainda por *Woher*. A árvore *Tree [19]* poderá dar *Tere*, que foneticamente se con-

[1] *Le Schizo et les langues*, Paris, Gallimard, 1970; *Ma mère musicienne est morte*, Paris, Navarin, 1984.

verte em *Dere* e desemboca no russo *Derevo*. Uma frase materna qualquer, portanto, será analisada nos seus elementos e movimentos fonéticos a fim de ser convertida numa frase de uma ou mais línguas estrangeiras ao mesmo tempo, semelhantes a ela no som e no sentido. A operação deve ser feita o mais rápido possível, tendo em vista a urgência da situação, mas também exige muito tempo, tendo em vista as resistências próprias de cada palavra, as inexatidões de sentido que surgem a cada etapa da conversão e, sobretudo, a necessidade de extrair em cada caso regras fonéticas aplicáveis a outras transformações (por exemplo, as aventuras de *believe* ocuparão umas quarenta páginas). É como se dois circuitos de transformação coexistissem e se penetrassem, um tomando o menor tempo possível, o outro abarcando o maior espaço linguístico possível.

É esse o procedimento geral: a frase *Don't trip over the wire*, *Ne trébuche pas sur le fil* [Não tropece no fio], torna-se *Tu'nicht tre*bucher *uber eth he Zwirn*. A frase de partida é inglesa, mas a de chegada é um simulacro de frase que utiliza várias línguas, alemão, francês, hebraico: *tour de babil* ["torre de blablabel"]. Ela faz intervir regras de transformação, de *d* em *t*, de *p* em *b*, de *v* em *b*, mas também regras de inversão (como o inglês *Wire* não é suficientemente investido pelo alemão *Zwirn*, invoca-se o russo *prolovoka* que tranforma *wir* em *riv* ou, antes, em *rov*).

Para vencer as resistências e dificuldades desse gênero, o procedimento geral é aperfeiçoado em duas direções. Por um lado, em direção a um procedimento amplificado, baseado na "ideia genial de associar mais livremente as palavras umas às outras": a conversão de uma palavra inglesa, por exemplo *early* (cedo), poderá ser buscada nas palavras e locuções francesas associadas a "cedo" e que comportem as consoantes R ou L (de goLpe, de madRugada, matinaLmente, diLigentemente, devoRar o espaciaL); ou então *tired* será convertido ao mesmo tempo, em francês, em faTigado, exTenuado, CuRvaTura, RenDido, ao alemão maTT, KapuTT, eRschöpfT, eRmüdeT etc. Por outro lado, em direção a um procedimento evoluído: desta vez já não se trata de analisar ou mesmo de abstrair certos elementos fonéticos da palavra inglesa, mas de compô-los de acordo com diversos modos independentes. Assim, entre os termos frequentemente encontrados nas etiquetas dos enlatados, encontra-se *vegetable oil*, que não suscita *[20]* grandes problemas, mas também *vegetable shortening*, que permanece irredutível ao método ordinário: o que traz dificuldade é o SH, R, T e N. Será preciso tornar a palavra monstruosa e grotesca, fazer ressoar três vezes, triplicar o som inicial (*shshshortening*), para bloquear o primeiro SH com N (o hebraico *chemenn*), o segundo SH com um equivalente de T (o alemão *Schmalz*), o terceiro SH com R (o russo *jir*).

A psicose é inseparável de um procedimento linguístico variável. O procedimento é o próprio processo da psicose. O conjunto do procedimento do estudante de línguas apresenta analogias surpreendentes com o célebre "procedimento", ele mesmo esquizofrênico, do poeta Raymond Roussel. Este operava no interior da língua materna, o francês: também convertia uma frase originária em outra, de sons e fonemas semelhantes, mas de sentido totalmente diferente ("*les lettres du blanc sur les bandes du vieux billard*" e "*les lettres du blanc sur les bandes du vieux pillard*" — "as letras do [giz] branco nas bandagens do velho bilhar" e "as cartas do [homem] branco nos bandos do velho que está a pilhar"). Uma primeira direção dava o procedimento amplificado, onde palavras associadas à primeira série eram tomadas num outro sentido associável à segunda (taco do bilhar e taco de quem está a pilhar). Uma segunda direção conduzia ao procedimento evoluído, onde a própria frase originária era tomada em compostos autônomos, como "*j'ai du bon tabac...*" (tenho um bom tabaco) = "*jade tube onde aubade*" (jade tubo onda alvorada). Outro caso célebre era o de Jean-Pierre Brisset: seu procedimento fixava o sentido de um elemento fonético ou silábico comparando as palavras de uma ou várias línguas nas quais entrava; depois o procedimento se amplificava e evoluía, para dar a evolução do próprio sentido conforme as diversas composições silábicas (assim, os prisioneiros primeiro mergulhavam na água suja, eram na "suja água pegos", eram, pois, "sujos presos", depois eram vendidos na "sala dos preços" — *dans l'eau sale, la sale eau pris, salauds pris, salle aux prix*).[2]

[2] Cf., de Foucault, não só o *Raymond Roussel* (Paris, Gallimard, 1963),

Nos três casos extrai-se da língua materna uma espécie de língua estrangeira, sob a condição de os sons ou fonemas continuarem sempre semelhantes. Mas, em Roussel, é a referência das palavras que se vê questionada, e o sentido não permanece o mesmo: por isso a outra língua é somente o homônimo e continua sendo francesa, ainda que funcione à maneira *[21]* de uma língua estrangeira. Em Brisset, que põe em questão o significado das proposições, outras línguas são convocadas, mas para mostrar a unidade de seu sentido, assim como a identidade de seus sons (*diavolo* e deus-antepassado, ou então *di-a vau l'au*). Quanto a Wolfson, cujo problema é a tradução das línguas, todas as línguas se reúnem em desordem para conservar um mesmo sentido e os mesmos sons, mas destruindo sistematicamente a língua materna inglesa da qual elas os arrancam. Com o risco de modificar um pouco o sentido dessas categorias, diríamos que Roussel constrói uma língua homônima ao francês, Brisset uma língua sinônima e Wolfson uma língua paronomástica do inglês. Talvez seja esse o objetivo secreto da linguística, segundo uma intuição de Wolfson: matar a língua materna. Os gramáticos do século XVIII ainda acreditavam numa língua-mãe; os linguistas do século XIX manifestam dúvidas e mudam as regras de maternidade bem como as de filiação, às vezes invocando línguas que não passam de irmãs. Talvez seja preciso um trio infernal para ir até o fim. Em Roussel o francês deixa de ser uma língua materna porque esconde em suas palavras e letras os exotismos que suscitam as "impressões de África" (seguindo a missão colonial da França); em Brisset já não há língua-mãe, todas as línguas são irmãs e o latim não é uma língua (segundo uma vocação democrática); e em Wolfson o americano já nem sequer tem o inglês por mãe, mas torna-se mistura exótica ou a "miscelânea de diversos idiomas" (seguindo o sonho da América de recolher os emigrantes do mundo inteiro).

Todavia, o livro de Wolfson não pertence ao gênero das obras literárias e não pretende ser um poema. O que faz do procedimento

mas seu prefácio à reedição de Brisset (*La grammaire logique*, Paris, Tchou, 1970), onde compara os três procedimentos, de Roussel, de Brisset e de Wolfson, em função da distribuição dos três órgãos, boca, olhos, ouvido.

de Roussel uma obra de arte é que o desvio entre a frase originária e sua conversão é preenchida por proliferantes histórias maravilhosas, que obrigam o ponto de partida a recuar cada vez mais e acabam por ocultá-lo inteiramente. Por exemplo, o acontecimento tecido pelo "tear de pás" hidráulico recobre o de "ofício que força a levantar-se de madrugada" ["*métier à aubes*"]. São visões grandiosas. Puros acontecimentos que se agitam na linguagem e que extravasam tanto das condições de seu aparecimento quanto das circunstâncias de sua efetuação, assim como uma música excede a circunstância em que é tocada bem como *[22]* a execução que dela se faz. O mesmo ocorre com Brisset: extrair a face desconhecida do acontecimento ou, como ele diz, a outra face da língua. Do mesmo modo, os desvios entre uma combinação linguística e outra geram grandes acontecimentos que os preenchem, como o nascimento de um pescoço, a chegada dos dentes, a formação do sexo. Mas nada de semelhante em Wolfson: um vazio, uma distância vivida como patogênica ou patológica, subsiste entre a palavra a ser convertida e as palavras de conversão e nas próprias conversões. Quando traduz o artigo *the* nos dois termos hebraicos *eth* e *he*, ele comenta: a palavra materna está "lesada pelo cérebro igualmente lesado" [*fêlé*], do estudante de línguas. Jamais as transformações atingem a parte grandiosa de um acontecimento, mas permanecem coladas às suas circunstâncias acidentais e efetuações empíricas. Portanto, o procedimento continua sendo um protocolo. O procedimento linguístico gira em falso e não reagrega um processo vital capaz de produzir uma visão. Por isso a transformação de *believe* ocupa tantas páginas, marcadas pelas idas e vindas daqueles que pronunciam a palavra, pelos desvios entre as diferentes combinações efetuadas (*Pieve-Peave*, *like-gleichen*, *leave-Verlaub*...). Por toda parte vazios subsistem e se propagam de tal modo que o único acontecimento que se eleva, oferecendo sua face negra, é um fim do mundo ou explosão atômica do planeta, que o estudante teme seja retardada pela redução de armamentos. Em Wolfson o procedimento é ele mesmo seu próprio acontecimento, que só tem como expressão o futuro do pretérito e, de preferência, o futuro do pretérito composto, apropriado para estabelecer um lugar hipotético entre uma circunstância exterior e uma efetuação improvisada: "O estudante linguístico alienado tomaria um E do inglês *tree* e o intercalaria mentalmente entre o T e o R, se não tivesse pensado que, quando se coloca uma vogal depois de um som T, o T torna-se D"... "Enquanto isso a mãe do estudante alienado o teria seguido e teria chegado junto a ele onde a cada tanto dizia coisas inúteis"...[3] O estilo de Wolfson, seu esquema proposicional junta, pois, ao impessoal esquizofrênico um verbo no futuro do pretérito que exprime a espera infinita de um acontecimento capaz de preencher os *[23]* desvios ou, ao contrário, de escavá-los num vazio imenso que engole tudo. O estudante de línguas demente faria ou teria feito...

O livro de Wolfson tampouco é uma obra científica, apesar da intenção realmente científica das transformações fonéticas operadas. É que um método científico implica a determinação ou mesmo a formação de totalidades formalmente legítimas. Ora, é evidente que a totalidade de referência do estudante de línguas é ilegítima; não só porque é constituída pelo conjunto indefinido de tudo o que não é inglês, verdadeira "torre de blablabel", como diz Wolfson, mas também porque nenhuma regra sintática vem definir esse conjunto, fazendo com que os sentidos correspondam aos sons e ordenando as transformações do conjunto de partida provido de sintaxe e definido como inglês. Logo, é de duas maneiras que o estudante esquizofrênico carece de um "simbolismo": de um lado, pela subsistência de distâncias patogênicas que nada vem preencher; de outro lado, pela emergência de uma falsa totalidade que nada pode definir. Por isso vive ele ironicamente seu próprio pensamento como um duplo simulacro de um sistema poético-artístico e de um método lógico-científico. Ainda que essa potência do simulacro ou da ironia faça do livro de Wolfson um livro extraordinário, em que resplandece a alegria especial e o sol característico das simulações, onde se sente essa resistência muito particular germinando do fundo da doença. Como diz o estudante, "como era agradável estudar as línguas, mesmo à sua maneira louca,

[3] Alain Ray faz a análise do futuro do pretérito, em si mesmo e tal como o emprega Wolfson: "Le Schizolexe", *Critique*, set. 1970, pp. 681-2.

aliás imbecílica!". Pois "não raro as coisas na vida vão assim: um pouco pelo menos ironicamente".

Matar a língua materna é um combate de cada instante e, em primeiro lugar, contra a voz da mãe, "muito alta e penetrante e talvez igualmente triunfal". Ele só poderá transformar uma parte do que ouve se já tiver conjurado, eliminado muito. Assim que a mãe se aproxima, ele memoriza mentalmente uma frase qualquer de uma língua estrangeira; mas também tem diante dos olhos um livro estrangeiro e ainda produz grunhidos de garganta e rangidos de dentes; os dois dedos estão prontos para tapar os ouvidos; ou então dispõe de um aparelho mais complexo, um rádio de ondas curtas cujo fone está enfiado num ouvido, enquanto tapa o outro ouvido *[24]* com um único dedo e a outra mão livre pode então segurar e folhear o livro estrangeiro. É uma combinatória, uma panóplia de todas as disjunções possíveis, mas que têm a característica particular de serem inclusivas e ramificadas ao infinito, não mais limitativas ou exclusivas. Essas disjunções inclusas pertencem à esquizofrenia e vêm completar o esquema estilístico do impessoal e do futuro do pretérito: o estudante ora teria enfiado um dedo em cada ouvido, ora um dedo em um, ou o direito ou o esquerdo, e o outro ouvido estaria ocupado ora pelo fone, ora por outro objeto, e a mão livre estaria segurando um livro ou fazendo barulho sobre a mesa... É uma litania de disjunções, em que se reconhecem os personagens de Beckett, e Wolfson entre eles.[4] Wolfson precisa dispor de todas essas paradas, ficar perpetuamente à espreita, pois a mãe, por sua vez, também leva adiante seu combate da língua: ou para curar seu malvado filho demente, como ele mesmo diz, ou então para alegrar-se ao "fazer vibrar o tímpano de seu filho querido com as cordas vocais dela", ou então por agressividade e autoridade, ou ainda por qualquer razão mais obscura, ora ela se move no aposento vizinho, faz soar seu rádio americano e

[4] François Martel fez um estudo detalhado das disjunções em *Watt* de Beckett: "Jeux formels dans *Watt*", *Poétique*, nº 10, 1972. Cf. também "Assez" em *Têtes-mortes* (Paris, Minuit, 1967). Boa parte da obra de Beckett pode ser compreendida sob a grande fórmula de *Malone meurt*: "Tudo se divide em si-mesmo".

entra ruidosamente no quarto do doente, que não tem chave nem fechadura, ora anda a passos de lobo, abre silenciosamente a porta e grita muito rápido uma frase em inglês. A situação é tanto mais complexa quanto todo o arsenal disjuntivo do estudante continua sendo indispensável na rua e nos lugares públicos, onde ele tem certeza de ouvir falar inglês e corre o risco de ser interpelado a cada instante. Por isso, em seu segundo livro ele descreve um dispositivo mais perfeito, que pode ser usado enquanto ele se desloca: trata-se de um estetoscópio nos ouvidos ligado a um gravador portátil no qual pode recolocar os tubos ou retirá-los, baixar ou aumentar o volume, ou permutar com a leitura de uma revista estrangeira. Esse emprego do estetoscópio o satisfaz particularmente nos hospitais que frequenta, já que considera a medicina uma falsa ciência, muito pior que todas as que é capaz de imaginar nas línguas e na vida. Se é exato *[25]* que montou esse dispositivo já em 1976, bem antes do surgimento do *walkman*, podemos considerá-lo seu verdadeiro inventor, como ele o diz, e pela primeira vez na história uma bricolagem esquizofrênica está na origem de um aparelho que se espalhará por todo o planeta e que, por sua vez, esquizofrenizará povos e gerações inteiras.

A mãe o tenta ou o ataca também de outra maneira. Seja com uma boa intenção, seja para desviá-lo de seus estudos, seja para poder surpreendê-lo: ora ela arruma caixas de alimento ruidosamente na cozinha, ora vem brandi-las sob o seu nariz, depois vai embora, ainda que para voltar bruscamente ao cabo de certo tempo. Então, durante sua ausência, acontece de o estudante entregar-se a uma orgia alimentar, rasgando as caixas, pisoteando-as, absorvendo o conteúdo indiscriminadamente. O perigo é múltiplo, pois essas caixas representam etiquetas em inglês que ele se proíbe de ler (exceto com um olhar muito vago, buscando inscrições fáceis de converter, como *vegetable oil*), pois não pode saber se elas contêm algum alimento que lhe convém, seja porque ao comer a digestão se torna mais pesada e assim o desvia do estudo das línguas, seja porque os pedaços de comida, mesmo nas condições ideais de esterilização das caixas, carreiam larvas, pequenos vermes e ovos tornados ainda mais nocivos devido à poluição do ar, "triquina, tênia, oxiúro, ancilóstomo, fascíola, anguil". Sua culpa não é menor quando come do que quando ouve a mãe falando inglês. Para defender-se dessa nova forma de perigo, tem grande dificuldade de "memorizar" uma frase estrangeira aprendida anteriormente; melhor ainda, ele fixa no espírito, investe com todas as forças um certo número de calorias ou então de fórmulas químicas que correspondem ao alimento desejável, intelectualizado e purificado — por exemplo, "as longas cadeias não saturadas de átomos de carbono" dos óleos vegetais. Combina a força das estruturas químicas e a das palavras estrangeiras, seja fazendo corresponder uma repetição de palavras a uma absorção de calorias ("ele repetia as mesmas quatro ou cinco palavras vinte ou trinta vezes enquanto ingeria com avidez um montante de calorias igual em centenas ao segundo par de números ou igual em milhares ao primeiro par de números"), seja identificando os elementos fonéticos que migram para as palavras *[26]* estrangeiras com fórmulas químicas de transformação (por exemplo, os pares de fonemas-vogais em alemão e, mais geralmente, os elementos de linguagem que mudam automaticamente "como um composto químico instável ou um elemento radiativo de um período de transformação extremamente breve").

A equivalência é, pois, profunda: por um lado, entre as palavras maternas insuportáveis e os alimentos venenosos ou contaminados; por outro, entre as palavras estrangeiras de transformação e as fórmulas ou combinações atômicas instáveis. O problema mais geral, como fundamento dessas equivalências, está exposto no final do livro: Vida e Saber. Alimentos e palavras maternas são a vida, línguas estrangeiras e fórmulas atômicas são o saber. Como justificar a vida, que é sofrimento e grito? Como justificar a vida, "maldosa matéria enferma", ela que vive de seu próprio sofrimento e de seus próprios gritos? A única justificação da vida é o Saber, que só ele é o Belo e o Verdadeiro. É preciso reunir todas as línguas estrangeiras num idioma total e contínuo, como saber da linguagem ou filologia, contra a língua materna, que é o grito da vida. É preciso reunir as combinações atômicas numa fórmula total e numa tabela periódica, como saber do corpo ou biologia molecular, contra o corpo vivido, suas larvas e ovos, que são o sofrimento da vida. Só uma "proeza intelectual" é bela e verdadeira e pode justificar a vida. Mas como o saber teria essa continuidade e essa totalidade justificantes, ele que é feito de todas as línguas estrangeiras e de todas as fórmulas instáveis, onde sempre subsiste um desvio que ameaça o Belo e onde só emerge uma totalidade grotesca que derruba o Verdadeiro? Será jamais possível "representar de uma maneira contínua as posições relativas dos diversos átomos de todo um composto bioquímico passavelmente complicado... e demonstrar de um só golpe, instantaneamente, e ao mesmo tempo de maneira contínua, a lógica, as provas para a veracidade da tabela periódica dos elementos"?

Eis então uma grande equação de fato, como teria dito Raymond Roussel:

$$\frac{\text{palavras maternas}}{\text{línguas estrangeiras}} = \frac{\text{alimentos}}{\text{estruturas moleculares}} = \frac{\text{vida}}{\text{saber}}$$

[27] Se consideramos os numeradores, vemos que têm em comum serem "objetos parciais". Mas essa noção permanece tanto mais obscura quanto não remete a qualquer totalidade perdida. Aparece como objeto parcial, de fato, o que é ameaçador, explosivo, detonador, tóxico ou venenoso ou, então, o que contém um tal objeto ou, ainda, os fragmentos nos quais se estilhaça. Enfim, o objeto parcial está numa caixa e voa em pedaços quando se abre a caixa, mas o que se chama de "parcial" é tanto a caixa quanto seu conteúdo e os pedacinhos, embora exista diferença entre eles, precisamente sempre os vazios ou desvios. Assim, os alimentos estão fechados nas caixas, mas nem por isso deixam de conter larvas e vermes, sobretudo quando Wolfson rasga as caixas a dentadas. A língua materna é uma caixa que contém as palavras sempre injuriosas, mas dessas palavras não param de cair letras, sobretudo consoantes, que é preciso evitar e conjurar como outros tantos espinhos ou fragmentos particularmente nocivos e duros. Não seria o corpo ele mesmo uma caixa que contém os órgãos como outras tantas partes, ainda que deterioradas por todos os micróbios, vírus e sobretudo cânceres que os fazem explodir, saltando de uns a outros para dilacerar o organismo inteiro? O organismo é materno tanto quanto o alimento e a palavra: tem-se até a impressão de que o pênis é um órgão feminino por excelência, como nos casos de

dimorfismo em que uma coleção de machos rudimentares parecem ser apêndices orgânicos do corpo fêmea ("o verdadeiro órgão genital feminino lhe parecia ser, mais do que a vagina, um tubo de borracha besuntado pronto para ser inserido pela mão de uma mulher no último segmento do intestino, de seu intestino", razão pela qual as enfermeiras lhe pareciam ser enrabadoras profissionais por excelência). A mãe muito bela, tornada caolha e cancerosa, pode então ser dita uma coleção de objetos parciais, que são caixas explosivas, mas de gêneros e níveis diferentes, que não param em cada gênero e a cada nível de se separar no vazio, e de estender uma distância entre as letras de uma palavra, os órgãos de um corpo ou os bocados de alimento (espaçamento que os rege, como nas refeições de Wolfson). É o quadro clínico do estudante esquizofrênico: afasia, hipocondria, anorexia. *[28]*

Os numeradores da grande equação nos dão assim uma primeira equação derivada:

$$\frac{\text{palavras maternas}}{\text{letras ofensivas}} = \frac{\text{alimentos}}{\text{larvas}} = \frac{\text{organismo}}{\text{órgãos cancerosos}} = \begin{matrix}\text{vida injusta} \\ \text{enferma e dolorosa}\end{matrix}$$

Como estabelecer a outra equação, a dos denominadores? Não deixa de ter relação com Artaud, com o seu combate. Em Artaud o rito do peiote afronta as *letras* e os *órgãos*, mas para fazê-los passar para o outro lado, nos sopros inarticulados, num indecomponível corpo sem órgãos. O que ele arranca à língua materna são palavras-sopros que já não pertencem a língua alguma, e ao organismo, um corpo sem órgãos que já não tem geração. À escrita-porcaria, e aos organismos emporcalhados, às letras-órgãos, micróbios e parasitas opõem-se o sopro fluido ou o corpo puro, mas a oposição deve ser uma passagem que nos restitua o corpo assassinado, esses sopros amordaçados.[5] Wolfson não está no mesmo

[5] Em Artaud, as célebres palavras-sopros opõem-se afetivamente à língua materna e às letras despedaçadas; e o corpo sem órgãos opõe-se ao organismo, aos órgãos e às larvas. Mas as palavras-sopros são sustentadas por uma sintaxe poética, o corpo sem órgãos por uma cosmologia vital que extravasam, ambas, por todo lado, os limites da equação de Wolfson.

"nível", porque as letras ainda pertencem às palavras maternas, e os sopros ainda estão por serem descobertos em palavras estrangeiras, de modo que continua preso à condição de semelhança de som e de sentido: falta-lhe uma sintaxe criadora. No entanto é um combate de mesma natureza, com os mesmos sofrimentos, e que também nos deveria fazer passar das letras ofensivas aos sopros animados, dos órgãos enfermos ao corpo cósmico e sem órgãos. Às palavras maternas e às letras duras Wolfson opõe a ação procedente das palavras de uma outra língua, ou de várias, que deveriam fundir-se, caber numa nova escrita fonética, formar uma totalidade líquida ou uma continuidade aliterativa. Aos alimentos venenosos Wolfson opõe a continuidade de uma cadeia de átomos e a totalidade de uma tabela periódica, que devem se absorver mais do que se fragmentar, reconstituir um corpo puro mais do que manter um corpo enfermo. É de se notar que a conquista dessa *[29]* nova dimensão, que conjura o processo infinito das eclosões e dos desvios, procede por sua vez com dois circuitos, um rápido e outro lento. Nós o vimos para o caso das palavras, já que, de um lado, as palavras maternas devem ser convertidas o mais rápido possível, e continuamente, mas, de outro, as palavras estrangeiras só podem estender seu domínio e formar um todo graças a dicionários interlínguas que já não passam pela língua materna. Do mesmo modo a velocidade de um período de transformação química e a amplitude de uma tabela periódica dos elementos. Mesmo as corridas de cavalos lhe inspiram dois fatores que dirigem suas apostas, como um mínimo e um máximo: o menor número de "exercícios de aquecimento" prévios do cavalo, mas também o calendário universal dos aniversários históricos que podem ligar-se ao nome do cavalo, ao proprietário, ao jóquei etc. (assim os "cavalos judeus" e as grandes festas judaicas).

Os denominadores da grande equação nos dariam, pois, uma segunda equação derivada:

$$\frac{\text{palavras estrangeiras}}{\text{torre de Blablabel todas as línguas}} = \frac{\text{cadeias de átomos}}{\text{tabela periódica}} = \begin{array}{c}\text{saber, reconstituição}\\ \text{de um corpo puro}\\ \text{e de seus sopros}\end{array}$$

Se os objetos parciais da vida remetessem à mãe, por que não remeter ao pai as transformações e totalizações do saber? Tanto mais que o pai é duplo e se apresenta em dois circuitos: um de período breve, para o padrasto cozinheiro que muda o tempo todo de afetação como um "elemento radiativo de periodicidade de 45 dias", e o outro de grande amplitude, para o pai nômade que o jovem vai reencontrando a longa distância nos lugares públicos. Não seria preciso reportar o duplo "fracasso" de Wolfson, isto é, a persistência das distâncias patógenas e a constituição de totalidades ilegítimas, justamente a essa mãe-Medusa dos mil pênis e a esta cisão do pai?[6] A psicanálise só tem um defeito, o de reconduzir as aventuras da psicose a uma ladainha, o eterno papai-mamãe, ora representado por personagens psicológicos, *[30]* ora elevado a funções simbólicas. Mas o esquizofrênico não se insere nas categorias familiares, ele deambula por categorias mundiais, cósmicas, razão pela qual está sempre em via de estudar alguma coisa. Não para de reescrever *De natura rerum*. Evolui nas coisas e nas palavras. E o que ele chama de mãe é uma organização de palavras que lhe enfiaram nos ouvidos e na boca, é uma organização de coisas que lhe puseram no corpo. Não é a minha língua que é materna, é a mãe que é uma língua; e não é o meu organismo que vem da mãe, é a mãe que é uma coleção de órgãos, a coleção de *meus* próprios órgãos. O que se chama de Mãe é a Vida. E o que se chama de Pai é a estranheza, todas essas palavras que eu não conheço e que atravessam as minhas, todos esses átomos que não param de entrar e de sair de meu corpo. Não é o pai que fala as línguas estrangeiras e que conhece os átomos, mas as línguas estrangeiras e as combinações atômicas que são o meu pai. O pai é o povo dos meus átomos e o conjunto das minhas glossolalias — em suma, o Saber.

A luta do saber e da vida é o bombardeio dos corpos pelos átomos, e o câncer é o revide do corpo. Como o saber poderia curar a vida e justificá-la de algum modo? Todos os médicos do

[6] Cf. a interpretação psicanalítica de Wolfson por Piera Castoriadis-Aulagnier, "Le Sens perdu", *Topique*, nº 7-8. O final desse estudo parece abrir uma perspectiva mais ampla.

mundo, os "canalhas de bata verde" que andam dois a dois como padres, não curarão a mãe cancerosa bombardeando-a de átomos. Mas a questão não é a do pai e da mãe. O jovem poderia aceitar seu pai e sua mãe tais como são, "modificar ao menos algumas de suas conclusões pejorativas com respeito aos seus pais" e mesmo voltar à língua materna ao cabo de seus estudos linguísticos. Era assim o final de seu primeiro livro, com uma certa esperança. Mas a questão era outra, pois trata-se do corpo no qual ele vive, com todas as metástases que constituem a Terra, e do saber no qual ele evolui, com todas as línguas que não param de falar, todos os átomos que não param de bombardear. É aí, nesse mundo, no real, que os desvios patogênicos se cavam e que as totalidades ilegítimas se fazem, se desfazem. É aí que se coloca o problema da existência, da minha própria existência. O estudante está doente do mundo, e não de seu pai-mãe. Ele está doente do real, e não de símbolos. A única "justificação" da vida consistiria em *[31]* que todos os átomos bombardeassem de uma vez por todas a Terra-câncer e a devolvessem ao grande vazio: resolução de todas as equações, a explosão atômica. Assim o estudante vai combinando cada vez mais suas leituras sobre o câncer, que lhe ensinam como este progride, e suas audições de rádio de ondas curtas, que lhe anunciam as chances de um Apocalipse radiativo para acabar de vez com todo câncer: "Tanto mais que se pode facilmente pretender que o planeta Terra como um todo está atingido pelo mais horrível câncer possível, visto que uma parte de sua própria substância foi desarranjada e se pôs a multiplicar e a metastasear, tendo por efeito o fenômeno dilacerante aqui de baixo, tecido inelutavelmente por uma infinidade de mentiras, injustiças, sofrimentos..., moléstia não obstante tratável e curável, atualmente, mediante doses extremamente fortes e persistentes de radiatividade artificial...!".

Desse, a primeira grande equação principal mostraria agora o que ela oculta:

$$\frac{\text{metástases do câncer}}{\text{apocalipse atômico}} = \frac{\text{Terra-câncer}}{\text{Deus-bomba}} = \frac{\text{vida}}{\text{saber}}$$

pois "Deus é a Bomba, isto é, evidentemente, o conjunto das bombas nucleares necessárias para esterilizar por radiatividade nosso próprio planeta por sua vez extremamente canceroso..., *Elohim hon petsita*, literalmente Deus ele bombardeia"...

A menos que haja "possivelmente" ainda uma outra via, a que indica um "capítulo acrescido" ao primeiro livro, páginas ardentes. Dir-se-ia que Wolfson segue os traços de Artaud, que havia superado a questão do pai-mãe, depois a da bomba e do tumor e queria acabar de vez com o universo do "juízo", descobrir um novo continente. De um lado, o saber não se opõe à vida, pois mesmo quando toma por objeto a fórmula química mais morta da matéria inanimada os átomos dessa fórmula são ainda dos que entram na composição da vida, e o que é a vida senão sua aventura? E, de outro lado, a vida não se opõe ao saber, pois mesmo as maiores dores dão um estranho saber aos que as experimentam, e o que é o saber senão a aventura da vida dolorosa no cérebro dos grandes homens (que, aliás, parece um irrigador dobrado)? Nós *[32]* nos impomos pequenas dores para nos persuadirmos de que a vida é suportável e mesmo justificável. Mas um dia o estudante de línguas, que costuma ter condutas masoquistas (queimaduras de cigarro, asfixias voluntárias), encontra a "revelação", e a encontra precisamente numa ocasião em que se infligia uma dor muito moderada: que a vida é absolutamente injustificável, e isso tanto mais quanto ela não precisa ser justificada... O estudante entrevê a "verdade das verdades" sem conseguir penetrá-la melhor. É um acontecimento transparente: a vida e o saber já não se opõem, nem sequer se distinguem, quando uma abandona seus organismos nascidos e o outro seus conhecimentos adquiridos, mas uma e outro engendram novas figuras extraordinárias que são as revelações do Ser — e talvez as de Roussel ou Brisset, e mesmo a de Artaud, a grande história do sopro e do corpo "inatos" do homem.

Nisso é necessário o procedimento, o procedimento linguístico. Todas essas palavras contam uma história de amor, uma história de vida e de saber, mas essa história não está designada ou significada pelas palavras, nem traduzida de uma palavra a outra. Essa história é antes o que há de "impossível" na linguagem e que, por conseguinte, lhe pertence tanto mais estreitamente: seu *fora*. Só um procedimento a torna possível, que remete à loucura. Por isso a psicose é inseparável de um procedimento linguístico que não se confunde com nenhuma das categorias conhecidas da psicanálise, pois tem uma outra destinação.[7] O procedimento impele a linguagem a um limite, mas nem por isso o transpõe. Ele devasta as designações, as significações, as traduções, mas para que a linguagem afronte enfim, do outro lado de seu limite, as figuras de uma vida desconhecida e de um saber esotérico. O procedimento é apenas a condição, por mais indispensável que seja. Chega às novas figuras quem sabe transpor o limite. Talvez Wolfson permaneça na margem, prisioneiro da loucura, prisioneiro quase razoável da loucura, sem poder arrancar de seu procedimento as figuras que ele apenas entrevê, pois o problema não consiste em ultrapassar as fronteiras da razão, e sim em atravessar como vencedor as da desrazão: então *[33]* pode-se falar de "boa saúde mental", mesmo que tudo acabe mal. Mas as novas figuras da vida e do saber permanecem prisioneiras no procedimento psicótico de Wolfson. De certa maneira, seu procedimento continua improdutivo. No entanto é uma das maiores experimentações feitas nesse domínio. Por isso Wolfson faz questão de dizer, "paradoxalmente", que às vezes é mais difícil ficar prostrado, parado, do que levantar-se para ir mais longe...

[7] Sobre o "impossível" na linguagem e os meios de o tornar possível, cf. Jean-Claude Milner, *L'Amour de la langue*, Paris, Seuil, 1978 (em especial as considerações sobre a língua materna e a diversidade das línguas). É verdade que o autor se vale do conceito lacaniano de *alíngua* [*lalangue*], onde se enlaçam a língua e o desejo, porém esse conceito parece tão pouco redutível à psicanálise quanto à linguística.

3. LEWIS CARROLL

[34]

Tudo em Lewis Carroll começa por um combate horrível. É o combate das profundezas: coisas arrebentam ou nos arrebentam, caixas são pequenas demais para seu conteúdo, comidas são tóxicas ou venenosas, tripas se alongam, monstros nos tragam. Um irmãozinho usa seu irmãozinho como isca. Os corpos se misturam, tudo se mistura numa espécie de canibalismo que reúne o alimento e o excremento. Mesmo as palavras se comem. É o domínio da ação e da paixão dos corpos: coisas e palavras se dispersam em todos os sentidos ou, ao contrário, soldam-se em blocos indecomponíveis. Nas profundezas tudo é horrível, tudo é não-senso. *Alice no país das maravilhas* era para intitular-se inicialmente *As aventuras subterrâneas de Alice.*

Mas por que Carroll não conserva esse título? É que progressivamente Alice conquista as superfícies. Ela emerge ou remonta à superfície. Cria superfícies. Os movimentos de afundamento e entranhamento dão lugar a leves movimentos laterais de deslizamento; os animais das profundezas tornam-se figuras de cartas sem espessura. Com mais razão *Do outro lado do espelho* investe a superfície de um espelho, institui a superfície de um tabuleiro de xadrez. Puros acontecimentos escapam dos estados de coisa. Não se afunda mais em profundidade, mas, à força de deslizar, passa-se para o outro lado, fazendo como o canhoto e invertendo o direito e o avesso. A bolsa de Fortunato descrita por Carroll é o anel de Moebius, onde uma mesma reta percorre os dois lados. A matemática é boa porque instaura superfícies e pacifica um mundo cujas misturas em profundidade seriam terríveis: Carroll matemático, ou então Carroll fotógrafo. Porém o mundo das profundezas ainda atroa *[35]* sob a superfície e ameaça arrebentá-la: mesmo estendidos, desdobrados, os monstros nos importunam.

O terceiro grande romance de Carroll, *Sílvia e Bruno*, opera mais um progresso. Dir-se-ia que a antiga profundidade aplainou--se, converteu-se numa superfície ao lado de outra superfície. Portanto, duas superfícies coexistem, e nelas escrevem-se duas histórias contíguas, uma maior e a outra menor; uma em maior, a outra em menor. Não uma história dentro da outra, mas uma ao lado da outra. *Sílvia e Bruno* é sem dúvida o primeiro livro que conta duas histórias ao mesmo tempo, não uma dentro da outra, mas duas histórias contíguas, com passagens constantemente sendo abertas entre elas, aproveitando um fragmento de frase comum às duas, ou então estrofes de uma canção admirável, que distribuem os acontecimentos próprios a cada história e também são determinadas por eles: a canção do jardineiro louco. Carroll pergunta: é a canção que determina os acontecimentos ou são estes que determinam a canção? Com *Sílvia e Bruno* Carroll faz um livro-rolo, à maneira dos quadros-rolos japoneses. (Eisenstein via no quadro--rolo o verdadeiro precursor da montagem cinematográfica e o descrevia assim: "A fita do rolo se enrola formando um retângulo! Já não é o suporte que se enrola sobre si mesmo; é o que nele está representado que se enrola na superfície".) As duas histórias simultâneas de Sílvia e Bruno formam o último termo da trilogia de Carroll, obra-prima tanto quanto as outras.

Não que a superfície tenha menos não-senso do que a profundidade. Mas não é o mesmo não-senso. O da superfície é como a "Cintilância" dos acontecimentos puros, entidades que nunca terminam de chegar nem de retirar-se. Os acontecimentos puros e sem mistura brilham acima dos corpos misturados, acima de suas ações e paixões emaranhadas. Como um vapor da terra, desprendem na superfície um incorpóreo, um puro "expresso" das profundezas: não a espada, mas o brilho da espada, o brilho sem espada como o sorriso sem gato. Coube a Carroll ter feito com que nada passasse pelo sentido, apostando tudo no não-senso, já que a diversidade dos não-sensos é suficiente para dar conta do universo inteiro, de seus terrores bem como de suas glórias: a profundidade, a superfície, o volume ou superfície enrolada.

4.
O MAIOR FILME IRLANDÊS (*FILM* DE BECKETT)
[36]

Problema

Se é verdade, como foi dito pelo bispo irlandês Berkeley, que ser é ser percebido (*esse est percipi*), seria possível escapar à percepção? Como tornar-se imperceptível?

História do problema

Poderíamos pensar que toda essa história é a de Berkeley, que está farto de ser percebido (e de perceber). O papel, que só Buster Keaton poderia representar, seria o do bispo Berkeley. Ou melhor, é a passagem de um irlandês a outro, de Berkeley, que percebia e era percebido, a Beckett, que esgotou "todas as felicidades do *percipere* e do *percipi*". Devemos, pois, propor uma decupagem (ou uma distinção dos casos) um pouco diferente daquela proposta pelo próprio Beckett.

Condição do problema

É preciso que algo seja insuportável no fato de ser percebido. Acaso consiste em ser percebido por terceiros? Não, pois os terceiros percebedores eventuais se prostram assim que, por sua vez, percebem estarem sendo percebidos, e não só uns pelos outros. Por conseguinte, há algo de horroroso em si no fato de ser percebido, mas o quê?

Dado do problema

Enquanto a percepção (câmara) se mantém atrás do personagem, ela não é perigosa, pois permanece inconsciente. Ela só apreende o personagem quando forma um ângulo que o atinge obliquamente e lhe dá a consciência de ser percebido. Diremos, por convenção, *[37]* que o personagem tem consciência de ser percebido, que ele "entra em *percipi*" quando a câmara por trás de suas costas excede um ângulo de 45°, de um ou de outro lado.

Primeiro caso: a parede e a escada, a Ação

O personagem pode limitar o perigo andando rápido, ao longo de uma parede. Com efeito, só um lado é ameaçador. Fazer um personagem caminhar ao longo de uma parede é o primeiro ato cinematográfico (todos os grandes cineastas se exercitaram nisso). A ação evidentemente é mais complexa quando se torna vertical e mesmo espiralada, como numa escada, visto que o lado vai mudando alternadamente em relação ao eixo. De todo modo, cada vez que o ângulo de 45° é ultrapassado o personagem para, interrompe a ação, se atira à parede e oculta a parte exposta de seu rosto com a mão, ou então com um lenço ou uma folha de couve que poderiam pender de seu chapéu. É esse o primeiro caso, percepção da ação, que pode ser neutralizado pela parada da ação.

Segundo caso: o quarto, a Percepção

É o segundo ato cinematográfico, o interior, o que se passa entre as paredes. Antes, o personagem não era considerado como perceptivo: a câmara lhe proporcionava uma percepção "cega", suficiente para sua ação. Mas agora a câmara percebe o personagem dentro do quarto, e o personagem percebe o quarto: qualquer percepção torna-se dupla. Antes, os terceiros humanos eventualmente podiam perceber o personagem, mas eram neutralizados pela câmara. Agora o personagem percebe por sua própria conta, suas percepções tornam-se coisas que por sua vez o percebem: não só animais, espelhos, um cromo do bom Deus, fotos, mas também utensílios (como dizia Eisenstein depois de Dickens: a chaleira me olha...). Nesse sentido as coisas são mais perigosas que os seres humanos: eu não as percebo sem que elas me percebam; toda percepção como tal é percepção de percepção. A solução desse segundo caso consiste em expulsar os animais, velar o espelho, cobrir os móveis, arrancar o cromo, rasgar as fotos; é a extinção da dupla percepção. Na rua, há pouco, o personagem ainda dispunha de um espaço-tempo e *[38]* mesmo de fragmentos de um passado (as fotos que ele levava). No quarto, ainda dispunha de forças suficientes para formar imagens que lhe devolviam sua percepção. Mas doravante só lhe resta o presente, sob a forma de um quarto hermeticamente fechado do qual desapareceu qualquer ideia de espaço e de tempo, qualquer imagem divina, humana, animal ou de coisa. Só subsiste o Berço no centro do dormitório, pois, melhor do que qualquer cama, é o único móvel de antes do homem ou de depois do homem que nos põe em suspenso no meio do nada (vaivém).

Terceiro caso: o berço, a Afecção

O personagem pode vir sentar-se no berço e adormecer, à medida que as percepções se apagam. Mas a percepção ainda espreita atrás do berço, onde dispõe dos dois lados simultaneamente. E ela parece ter perdido a boa vontade que manifestava anteriormente, quando se apressava em voltar a fechar o ângulo ultrapassado por inadvertência, e protegia o personagem dos terceiros eventuais. Agora ela o faz de forma deliberada e tenta surpreender o adormecido. O personagem se defende e se encolhe, cada vez mais fracamente. A câmara-percepção aproveita, ultrapassa definitivamente o ângulo, gira, chega diante do personagem adormecido e se aproxima. Revela assim o que é, percepção de afecção, isto é, percepção de si por si, puro Afecto. Ela é o duplo reflexivo do homem convulsivo no berço. Ela é o personagem caolho que contempla o personagem caolho. Estava à espera de sua hora. Então era isso, o terrorífico: que a percepção fosse de si por si, nesse sentido, "insuprimível". É o terceiro ato cinematográfico, o primeiro plano, o afecto ou a percepção de afecção, a percepção de si. Também ela se apagará, mas ao mesmo tempo que o movimento do berço estiver morrendo, e que o personagem morre. Acaso não é preciso isso, deixar de ser para tornar-se imperceptível, segundo as condições estabelecidas pelo bispo Berkeley?

Solução geral

O filme de Beckett atravessou as três grandes imagens elementares do cinema, as da ação, da percepção, da afecção. Mas em Beckett nada acaba, nada morre. Quando o *[39]* berço se imobiliza, é a ideia platônica de Berço, o berço do espírito que se põe a mover-se. Quando o personagem morre, como dizia Murphy, é que ele já começa a mover-se em espírito. Ele está tão bem quanto uma rolha flutuando no oceano revolto. Deixou de mexer-se, mas encontra-se num elemento que se move. O próprio presente, por sua vez, desapareceu, num vazio que já não comporta escuridão, num devir que já não comporta mais mudança concebível. O quarto perdeu suas divisórias e solta no vazio luminoso um átomo, impessoal e no entanto singular, que já não tem um Si para distinguir-se ou confundir-se com os demais. Tornar-se imperceptível é a Vida, "sem interrupção nem condição", atingir o marulho cósmico e espiritual.

5.
SOBRE QUATRO FÓRMULAS POÉTICAS QUE PODERIAM RESUMIR A FILOSOFIA KANTIANA

[40]

"O Tempo está fora dos gonzos..."[1]
Shakespeare, *Hamlet*, I, 5

Os gonzos são o eixo em torno do qual a porta gira. O gonzo, *Cardo*, indica a subordinação do tempo aos pontos precisamente cardinais pelos quais passam os movimentos periódicos que ele mede. Enquanto o tempo permanece em seus gonzos, está subordinado ao movimento extensivo: ele é sua medida, intervalo ou número. Sublinhou-se com frequência essa característica da filosofia antiga: a subordinação do tempo ao movimento circular do mundo como Porta Giratória. É a porta cilíndrica, o labirinto aberto à origem eterna. Haverá toda uma hierarquia dos movimentos segundo sua proximidade com o Eterno, segundo sua necessidade, perfeição, uniformidade, rotação, suas espirais compostas, eixos e portas particulares, com os números do Tempo que lhes correspondem. Sem dúvida, há aí uma tendência do tempo a emancipar-se, quando o movimento que ele mede é, ele próprio, cada vez mais *aberrante*, *derivado*, marcado por contingências materiais meteorológicas e terrestres; mas é uma tendência para baixo, que depende ainda das aventuras do movimento.[2] O tempo permanece,

[1] *The time is out of joint*: Chestov fez com frequência da fórmula de Shakespeare a divisa trágica de seu próprio pensamento em "L'Apothéose du déracinement" (*Pages choisies*, Paris, Gallimard, 1931) e em "Celui qui édifie et détruit des mondes" (*L'Homme pris au piège*, Paris, 10-18, 1966).

[2] Éric Alliez analisou, no pensamento antigo, essa tendência à emancipação do tempo quando o movimento deixa de ser circular: por exemplo, a "crematística" e o tempo do movimento monetário em Aristóteles (*Les Temps capitaux*, Paris, Cerf, 1991).

[41] pois, subordinado ao movimento no que ele tem de originário *e* de derivado.

O tempo *out of joint*, a porta fora dos gonzos, significa a primeira grande reversão kantiana: é o movimento que se subordina ao tempo. O tempo já não se reporta ao movimento que ele mede, mas o movimento ao tempo que o condiciona. Por isso o movimento já não é uma determinação de objeto, porém a descrição de um espaço, espaço do qual devemos fazer abstração a fim de descobrir o tempo como condição do ato. O tempo torna-se, portanto, unilinear e retilíneo, já não de modo algum no sentido em que mediria um movimento derivado, porém nele mesmo e por si mesmo, uma vez que impõe a todo movimento possível a sucessão de suas determinações. É uma retificação do tempo. O tempo deixa de estar curvado por um Deus que o faz depender do movimento. Deixa de ser cardinal e torna-se ordinal, ordem do tempo vazio. No tempo nada mais resta de originário nem de derivado que dependa do movimento. O labirinto mudou de feição: já não é um círculo nem uma espiral, porém um fio, pura linha reta, tanto mais misteriosa quanto é simples, inexorável, terrível — "o labirinto que se compõe de uma única linha reta e que é indivisível, incessante".[3] Hölderlin já via Édipo adentrar esse estreito desfiladeiro da morte lenta, segundo a ordem de um tempo que deixava de "rimar".[4] E Nietzsche, num sentido vizinho, via aí a mais semita das tragédias gregas. Édipo, contudo, ainda é impelido por sua perambulação como movimento de deriva. É Hamlet, sobretudo, que completa a emancipação do tempo: ele realmente opera a reversão, pois seu próprio movimento resulta tão somente da sucessão da determinação. Hamlet é o primeiro herói que tem real necessidade do tempo para agir, enquanto o herói anterior o sofre como a consequência de um movimento originário (Ésquilo) ou de uma ação aberrante (Sófocles). A *Crítica da razão pura* é o livro de Hamlet, o

[3] Jorge Luis Borges, *Fictions*, "La Mort et la boussole", Paris, Gallimard, 1983, pp. 187-8.

[4] Hölderlin, *Remarques sur Œdipe* (e o comentário de Jean Beaufret que analisa a relação com Kant), Paris, 10-18, 1965.

príncipe do Norte. Kant está numa situação histórica que lhe permite apreender o alcance todo da reversão: o tempo já não é o tempo cósmico do movimento celeste originário, nem o tempo rural do movimento meteorológico *[42]* derivado. Tornou-se o tempo da cidade e nada mais, a pura ordem do tempo.

Não é a sucessão que define o tempo, mas o tempo que define como sucessivas as partes do movimento tal como nele estão determinadas. Se o próprio tempo fosse sucessão, seria preciso que ele sucedesse, num outro tempo, ao infinito. As coisas se sucedem em tempos diversos, mas são igualmente simultâneas ao mesmo tempo e permanecem num tempo qualquer. Já não se trata de definir o tempo pela sucessão, nem o espaço pela simultaneidade, nem a permanência pela eternidade. Permanência, sucessão e simultaneidade são modos ou relações de tempo (*duração*, *série*, *conjunto*). São as cintilações do tempo. Por conseguinte, assim como não se pode definir o tempo como sucessão, tampouco se pode definir o espaço como coexistência ou simultaneidade. Será preciso que cada um, o espaço e o tempo, encontrem determinações inteiramente novas. Tudo o que se move e muda está no tempo, mas o tempo ele mesmo não muda, não se move e tampouco é eterno. Ele é a forma de tudo o que muda e se move, mas é uma forma imutável e que não muda. Não uma forma eterna, mas justamente a forma daquilo que não é eterno, a forma imutável da mudança e do movimento. Uma tal forma autônoma parece designar um profundo mistério: ela reclama uma nova definição do tempo (e do espaço).

"Eu é um outro..."

Rimbaud, carta a Izambart, maio de 1871,
carta a Demeny, 15 de maio de 1871

Havia outra concepção antiga do tempo, como modo do pensamento ou movimento intensivo da alma: uma espécie de tempo espiritual e monacal. O *cogito* de Descartes opera sua secularização, sua laicização: o *eu penso* é um ato de determinação instantânea, que implica uma existência indeterminada (*eu sou*) e que a determina como a de uma substância pensante (eu sou *uma coisa que pensa*). Mas como a determinação poderia incidir sobre o indeterminado se não se diz de que maneira ele é "determinável"? Ora, esse *[43]* protesto kantiano não deixa outra saída: é somente no tempo, sob a forma do tempo, que a existência indeterminada torna-se determinável. Assim, o "eu penso" afeta o tempo e só determina a existência de um eu que muda no tempo e apresenta a cada instante um grau de consciência. O tempo como forma da determinabilidade não depende, pois, do movimento intensivo da alma, mas, ao contrário, a produção intensiva de um grau de consciência no instante é que depende do tempo. Kant opera uma segunda emancipação do tempo e completa sua laicidade.

O Eu [Moi] está no tempo e não para de mudar: é um eu passivo, ou antes, receptivo, que experimenta as mudanças no tempo. O *Eu* [*Je*] é um ato (eu penso) que determina ativamente minha existência (*eu* sou), mas só pode determiná-la no tempo, como a existência de um eu [*moi*] passivo, receptivo e cambiante que representa para si tão somente a atividade de *seu próprio* pensamento. O *Eu* e o Eu estão, pois, separados pela linha do tempo que os reporta um ao outro sob a condição de uma diferença fundamental. Minha existência jamais pode ser determinada como a de um ser ativo e espontâneo, mas como a de um eu passivo que representa para si o *Eu*, isto é, a espontaneidade da determinação, como um Outro que o afeta ("paradoxo do sentido íntimo"). Édipo, segundo Nietzsche, define-se por uma atitude puramente passiva, mas à qual se reporta uma atividade que se prolonga para além de sua morte.[5] Com mais razão, Hamlet anuncia seu caráter eminentemente kantiano cada vez que se apresenta como uma existência passiva que, tal como o ator ou o dormente, recebe a atividade de seu pensamento como um Outro, capaz, contudo, de dar-lhe um poder perigoso que desafia a razão pura. É a "metabulia" de Murphy em Beckett.[6] Hamlet não é o homem do ceticismo ou da dúvida, mas o homem da Crítica. Estou separado de mim mesmo pela

[5] Nietzsche, *La Naissance de la tragédie*, par. 9.

[6] Beckett, *Murphy*, Paris, Minuit, 1954, cap. VI, p. 85.

forma do tempo e, contudo, sou um, pois o *Eu* afeta necessariamente essa forma ao operar sua síntese, não só de uma parte sucessiva à outra, mas a cada instante e porque o Eu é necessariamente afetado por ele enquanto contido nessa forma. A forma do determinável faz com que o Eu determinado represente para si *[44]* a determinação como um Outro. Em suma, a loucura do sujeito corresponde ao tempo fora dos seus gonzos. É como um duplo afastamento do *Eu* e do Eu no tempo, que os reporta um ao outro, cose-os um ao outro. É o fio do tempo.

De certa maneira, Kant vai mais longe que Rimbaud, pois a grande fórmula deste só adquire toda a sua força graças a recordações escolares. Rimbaud dá de sua fórmula uma interpretação aristotélica: "Tanto pior para a madeira que se descobre violino!... Se o cobre desperta como clarim, a culpa não é sua..." É como uma relação conceito-objeto, onde o conceito é uma forma em ato, mas o objeto uma matéria somente em potência. É um molde, uma moldagem. Para Kant, ao contrário, o *Eu* não é um conceito, mas a representação que acompanha todo conceito; e o Eu não é um objeto, mas aquilo a que todos os objetos se reportam como à variação contínua de seus próprios estados sucessivos e à modulação infinita de seus graus no instante. A relação conceito-objeto subsiste em Kant, mas encontra-se duplicada pela relação *Eu*-Eu, que constitui *uma modulação, não mais uma moldagem*. Nesse sentido, a distinção compartimentada das formas como conceitos (clarim-violino), ou das matérias como objetos (cobre-madeira) dá lugar à continuidade de um desenvolvimento linear sem retorno que necessita do estabelecimento de novas relações formais (tempo) e da disposição de um novo material (fenômeno); é como se em Kant já se ouvisse Beethoven e em breve a variação contínua de Wagner.

Se o *Eu* determina nossa existência como a de um eu passivo e cambiante no tempo, o tempo é essa relação formal segundo a qual o espírito se afeta a si mesmo, ou a maneira pela qual somos interiormente afetados por nós mesmos. O tempo, portanto, poderá ser definido como o Afeto de si por si, ou pelo menos como a possibilidade formal de ser afetado por si mesmo. É nesse sentido que o tempo, como forma imutável que já não podia ser definido pela simples sucessão, aparece como a *forma de interioridade* (sentido íntimo), ao passo que o espaço, que já não podia ser definido pela coexistência ou simultaneidade, aparece por sua vez como forma de exterioridade, possibilidade formal de ser afetado por outra coisa enquanto objeto externo. Forma de interioridade não significa simplesmente que o tempo é interior ao espírito, visto que o espaço *[45]* também o é. Forma de exterioridade tampouco significa que o espaço supõe "outra coisa", visto que é ele, ao contrário, que torna possível toda representação de objetos como outros ou exteriores. Mas isso equivale a dizer que a exterioridade comporta tanta imanência (já que o espaço permanece interior ao meu espírito) quanto a interioridade comporta transcendência (já que meu espírito em relação ao tempo se encontra representado como outro distinto de mim). Não é o tempo que nos é interior, ou ao menos ele não nos é especialmente interior, nós é que somos interiores ao tempo e, a esse título, sempre separados por ele daquilo que nos determina afetá-lo. A interioridade não para de nos escavar a nós mesmos, de nos cindir a nós mesmos, de nos duplicar, ainda que nossa unidade permaneça. Uma duplicação que não vai até o fim, pois o tempo não tem fim, mas *uma vertigem, uma oscilação que constitui o tempo*, assim como um deslizamento, uma flutuação constitui o espaço ilimitado.

> "Que suplício ser governado por leis que não se conhece!... Pois o caráter das leis tem necessidade assim do segredo sobre seu conteúdo..."
>
> Kafka, *A muralha da China*

Vale dizer *a* lei, já que leis que não se conhecem quase não se distinguem. A consciência antiga fala das leis porque elas nos fazem conhecer o Bem, ou o melhor em tais ou quais condições: as leis dizem o que é o Bem do qual elas decorrem. As leis são um "segundo recurso", um representante do Bem num mundo abandonado pelos deuses. Quando o verdadeiro Político está ausente, deixa diretrizes gerais que os homens devem conhecer para se conduzirem. As leis são, pois, como a imitação do Bem em tal ou qual caso, do ponto de vista do conhecimento.

Ao contrário, na *Crítica da razão prática* Kant opera a reversão da relação entre a lei e o Bem, e assim eleva a lei à unicidade pura e vazia: o que diz a Lei está bem, é o bem que depende da lei, e não o inverso. A lei como primeiro princípio não tem interioridade nem conteúdo, já que todo conteúdo a reconduziria a um Bem do qual ela seria a imitação. *[46]* Ela é pura forma e não possui objeto, nem sensível nem mesmo inteligível. Ela não nos diz o que é preciso fazer, mas a qual regra subjetiva é preciso obedecer, seja qual for a nossa ação. Será moral toda ação cuja máxima puder ser *pensada* sem contradição como universal e cujo móvel só tiver como objeto essa máxima (por exemplo, a mentira não pode ser pensada como universal, visto implicar pelo menos algumas pessoas que nela acreditam e que não mentem ao acreditar). A lei se define, portanto, como pura forma de universalidade. Não nos diz qual objeto a vontade deve perseguir para ser boa, mas qual forma deve tomar para ser moral. Não nos diz o que é preciso, diz-nos apenas: É preciso!, aceitando o risco de deduzir daí o bem, isto é, os objetos desse imperativo puro. A lei não é conhecida, pois nela nada há para conhecer: ela é o objeto de uma determinação puramente *prática*, e não teórica ou especulativa.

A lei não se distingue de sua sentença, e a sentença não se distingue da aplicação, da execução. Se a lei é primeira, já não dispõe de meio algum para distinguir "acusação", "defesa" e "veredito".[7] Confunde-se com sua marca em nosso coração e nossa carne. Porém desse modo não nos dá sequer um conhecimento último de nossas faltas, pois o que sua pena escreve em nós é: *Age por dever* (e não apenas em conformidade com o dever)... Ela nada escreve além disso. Freud mostrou que se o dever, nesse sentido, supõe uma renúncia aos interesses e inclinações, a lei se exercerá com tanto mais força e rigor quanto mais profunda for a nossa renúncia. Portanto, torna-se tanto mais severa quanto a cumprirmos com exatidão. Não poupa nem os mais santos.[8] *Ela nunca nos considera*

[7] Kafka, *Protecteurs* (in *La Muraille de Chine*, Paris, Folio-Gallimard, 1975).

[8] Freud, *Malaise dans la civilisation*, Paris, Denoël, p. 63: "Toda renún-

quites, tanto com nossas virtudes quanto com nossos vícios ou faltas: por isso a cada instante a absolvição é apenas aparente, e a consciência moral, longe de se apaziguar, se fortalece com todas as nossas renúncias e golpeia de modo ainda mais duro. Não é Hamlet, mas Bruto. Como a lei suspenderia o segredo que pesa sobre si mesma sem tornar impossível a *[47]* renúncia de que se nutre? Só se pode esperar uma absolvição, "que remedie a impotência da razão especulativa", não mais num momento determinado, porém do ponto de vista de um progresso indo ao infinito na adequação sempre mais exigente à lei (a santificação como consciência da perseverança no progresso moral). Esse caminho, que excede os limites de nossa vida e requer a imortalidade da alma, segue a linha reta do tempo inexorável e incessante na qual permanecemos em contato constante com a lei. Porém, justamente, este prolongamento indefinido, mais do que nos conduzir ao paraíso, nos instala já no inferno aqui embaixo. Mais do que anunciar a imortalidade, instila-nos uma "morte lenta", e não para de *prorrogar o juízo da lei*. Quando o tempo sai dos gonzos, temos de renunciar ao ciclo antigo das faltas e expiações para seguir a estrada infinita da morte lenta, do juízo prorrogado ou da dívida infinita. O tempo não nos deixa outra alternativa jurídica senão a de Kafka em *O processo*: ou a "absolvição aparente" ou a "moratória ilimitada".

> "Chegar ao desconhecido pelo desregramento de todos os sentidos [...] um longo, imenso e raciocinado desregramento de todos os sentidos."
>
> Rimbaud, *idem*

Ou antes um exercício desregrado de todas as faculdades. Esta seria a quarta fórmula de um Kant profundamente romântico, na *Crítica da faculdade judicativa*. Nas duas primeiras *Críticas*, as di-

cia pulsional torna-se uma fonte de energia para a consciência, depois toda nova renúncia intensifica por sua vez a severidade e a intolerância desta" (e cf. a invocação de Hamlet, p. 68).

versas faculdades subjetivas entravam em relação umas com as outras, mas essas relações eram rigorosamente reguladas, dado que havia sempre uma faculdade dominante ou determinante, fundamental, que impunha sua regra às demais. Numerosas eram as faculdades: o sentido externo, o sentido íntimo, a imaginação, o entendimento, a razão, cada uma bem definida. Mas na *Crítica da razão pura* dominava o entendimento, já que ele determinava o sentido íntimo por intermédio de uma síntese da imaginação, e mesmo a razão se submetia ao papel que lhe assinalava o entendimento. Na *Crítica da razão prática* o fundamental era a razão, porque constituía a pura *[48]* forma de universalidade da lei, e as outras faculdades seguiam como podiam (o entendimento aplicava a lei, a imaginação recebia a sentença, o sentido íntimo experimentava as consequências ou a sanção). Mas eis que Kant, chegado a uma idade em que os grandes autores raramente se renovam, depara com um problema que vai arrastá-lo a um empreendimento extraordinário: se as faculdades podem, assim, entrar em relações variáveis, mas regidas alternadamente por uma ou outra dentre elas, todas juntas forçosamente devem ser capazes de relações livres e sem regra nas quais cada uma vai até o extremo de si mesma e todavia mostre assim sua possibilidade de uma harmonia *qualquer* com as outras. Será a *Crítica da faculdade judicativa* como a fundação do romantismo.

Já não é a estética da *Crítica da razão pura*, que considerava o sensível como qualidade reportável a um objeto no espaço e no tempo; não é uma lógica do sensível, nem sequer um novo *logos* que seria o tempo. É uma estética do Belo e do Sublime, onde o sensível vale por si mesmo e se desdobra num *pathos* para além de toda lógica, que apreenderá o tempo no seu jorro, indo até a origem de seu fio e de sua vertigem. Já não é o Afecto da *Crítica da razão pura*, que reportava o Eu ao *Eu* numa relação ainda regulada segundo a ordem do tempo, e sim um *Pathos* que os deixa evoluir livremente para formar estranhas combinações enquanto fontes do tempo, "formas arbitrárias de intuições possíveis". Já não é a determinação do *Eu* que deve juntar-se à determinabilidade do Eu para constituir o conhecimento, agora é a unidade indeterminada de todas as faculdades (Alma) que nos faz entrar no desconhecido.

Com efeito, na *Crítica da faculdade judicativa* trata-se do modo como certos fenômenos que vão definir o Belo conferem ao sentido íntimo do tempo uma dimensão suplementar autônoma, à imaginação um poder de reflexão livre, ao entendimento uma potência conceitual infinita. As diversas faculdades entram num acordo que já não é determinado por alguma delas, tanto mais profundo quanto já não tem regra, e prova um acordo espontâneo entre o Eu e o *Eu* sob as condições de uma Natureza bela. O Sublime vai ainda mais longe nesse sentido: faz intervir as diversas faculdades de maneira tal que elas se opõem entre si como lutadores, uma impelindo *[49]* a outra ao seu máximo ou ao seu limite, enquanto a outra reage impelindo a primeira a uma inspiração que sozinha ela não teria tido. Uma empurra a outra ao seu limite, mas cada qual faz com que uma ultrapasse o limite da outra. As faculdades entram em relação no mais profundo delas mesmas e no que de mais estranho elas têm. Elas se abraçam no mais longínquo de sua distância. É uma luta terrível entre a imaginação e a razão, mas também o entendimento, o sentido íntimo, luta cujos episódios serão as duas formas do Sublime e depois o Gênio. Tempestade no interior de um abismo aberto no sujeito. Nas duas outras *Críticas*, a faculdade dominante ou fundamental era tal que as demais faculdades lhe forneciam os harmônicos mais próximos. Mas agora, num exercício extremo, as diversas faculdades dão-se mutuamente os harmônicos mais afastados uns dos outros, de maneira a formar acordos/acordes essencialmente dissonantes. A emancipação da dissonância, o acordo/acorde discordante é a grande descoberta da *Crítica da faculdade judicativa*, a última reversão kantiana. A separação que ela reúne era o primeiro tema de Kant na *Crítica da razão pura*. Mas no fim ele descobre a discordância que faz acordo/acorde. Um exercício desregrado de todas as faculdades que vai definir a filosofia futura, assim como para Rimbaud o desregramento de todos os sentidos devia definir a poesia do futuro. Uma música nova como discordância e, como acordo/acorde discordante, a fonte do tempo.

Por esse motivo propúnhamos quatro fórmulas, evidentemente arbitrárias em relação a Kant, mas nada arbitrárias em relação ao que Kant nos legou para o presente e para o futuro. O texto admirável de Quincey, *Os últimos dias de Immanuel Kant*, dizia tudo, mas apenas o avesso das coisas que encontram seu desenvolvimento nas quatro fórmulas poéticas do kantismo. É o aspecto shakespeariano de Kant, que começa como Hamlet e termina em Rei Lear, do qual os pós-kantianos seriam os filhos.

6. NIETZSCHE E SÃO PAULO, D. H. LAWRENCE E JOÃO DE PATMOS *[50]*

Não é o mesmo, não pode ser o mesmo... Lawrence intervém na discussão erudita dos que se perguntam se é o mesmo João que escreveu um evangelho e o Apocalipse.[1] Lawrence intervém com argumentos muito passionais, tanto mais fortes quanto implicam um método de avaliação, uma tipologia; não é o mesmo tipo de homem que pôde escrever evangelho e apocalipse. Pouco importa que cada um desses textos seja ele mesmo complexo, ou compósito, e reúna tantas coisas diferentes. A questão não é a dos dois indivíduos, os dois autores, mas de dois tipos de homem, ou de duas regiões da alma, de dois conjuntos inteiramente diferentes. O Evangelho é aristocrático, individual, suave, amoroso, decadente, ainda bastante culto. O Apocalipse é coletivo, popular, inculto, rancoroso e selvagem. Seria preciso explicar cada um desses termos a fim de evitar os contrassensos. Mas desde já o evangelista e o apocalíptico não podem ser a mesma pessoa. João de Patmos nem sequer veste a máscara do evangelista, nem a de Cristo, mas inventa uma outra, fabrica uma máscara diferente que, conforme a nossa escolha, desmascara Cristo ou então superpõe-se à dele. João de Patmos trabalha no terror e na morte cósmicas, ao passo que o Evangelho e Cristo trabalham o amor humano, espiritual. Cristo inventava uma religião de amor (uma prática, uma maneira de vi-

[1] Para o texto e os comentários do Apocalipse, cf. Charles Brütsch, *La Clarté de l'Apocalypse*, Genebra, Labor et Fides, 1966 (e sobre a questão do autor ou dos autores, cf. pp. 397-405). As razões eruditas para assimilar ambos os autores parecem muito fracas. Nas notas que se seguem, a referência *Apocalypse* remete ao livro de D. H. Lawrence (Paris, Balland, 1978), com exceção da nota 10.

ver, e não uma crença), o Apocalipse traz uma religião do Poder *[51]* — uma crença, uma maneira terrível de *julgar*. Ao invés do dom de Cristo, uma dívida infinita.

Sem dúvida, é melhor ler o texto de Lawrence depois de ter lido ou relido o texto do Apocalipse. Compreende-se de imediato a atualidade do Apocalipse e a de Lawrence, que a denuncia. Tal atualidade não consiste em correspondências históricas do tipo Nero = Hitler = Anticristo. Tampouco no sentimento supra-histórico do fim do mundo e dos milenaristas, com seu pânico atômico, econômico, ecológico e de ficção científica. Se estamos imersos no Apocalipse, é antes porque este inspira em cada um de nós maneiras de viver, de sobreviver e de julgar. É o livro de todos os que se consideram sobreviventes. É o livro dos zumbis.

Lawrence está muito próximo de Nietzsche. Podemos supor que Lawrence não teria escrito seu texto sem o *Anticristo* de Nietzsche. O próprio Nietzsche não foi o primeiro. Nem sequer Espinosa. Alguns "visionários" opuseram Cristo como pessoa amorosa e o cristianismo como empreendimento mortuário. Não que tenham uma complacência exagerada com Cristo, mas sentem necessidade de não confundi-lo com o cristianismo. Em Nietzsche aparece a grande oposição entre Cristo e São Paulo: Cristo, o mais doce, o mais amoroso dos decadentes, uma espécie de Buda que nos libertava da dominação dos sacerdotes e de toda ideia de culpa, punição, recompensa, juízo, morte e o que vem depois da morte; esse homem que trouxe a boa-nova foi duplicado pelo negro São Paulo, que manteve Cristo na cruz, reconduzindo-o a ela incessantemente, fazendo-o ressuscitar, deslocando todo o centro de gravidade para a vida eterna, inventando um novo tipo de sacerdote ainda mais terrível que os anteriores, "sua técnica de tirania sacerdotal, sua técnica de aglomeração: a crença na imortalidade, *ou seja, a doutrina do juízo*". Lawrence retoma a oposição, porém desta vez ela se dá entre Cristo e o rubro João de Patmos, autor do Apocalipse. Livro mortal de Lawrence, pois precede de pouco sua rubra morte hemóptica, assim como o *Anticristo* antecedera o desmoronamento de Nietzsche. Antes de morrer, uma derradeira "mensagem de alegria", uma última boa-nova. Não se trata de um Lawrence que teria imitado Nietzsche. Ele antes recolhe uma flecha, a de Nietzsche, e a relança alhures, *[52]* tensionada diferentemente, num outro cometa, em meio a outro público: "A natureza envia o filósofo à humanidade como uma flecha; ela não visa, mas espera que a flecha ficará cravada em algum lugar".[2] Lawrence recomeça a tentativa de Nietzsche tomando por alvo João de Patmos e não mais São Paulo. De uma tentativa à outra muita coisa muda, ou se completa, e mesmo o que é comum a ambos ganha em força, em novidade.

O empreendimento de Cristo é individual. O indivíduo não se opõe tanto à coletividade em si; o individual e o coletivo se opõem em cada um de nós como duas partes distintas da alma. Ora, Cristo se dirige pouco ao que há de coletivo em nós. Seu problema "era sobretudo desfazer o sistema coletivo do sacerdócio-Antigo Testamento, do sacerdócio judaico e de seu poder, mas só para libertar a alma individual desta ganga. Quanto a César, ele lhe deixaria sua parte. É nisso que é aristocrata. Pensava que uma cultura da alma individual bastaria para expulsar os monstros escondidos na alma coletiva. Erro político. Deixava que nos virássemos com a alma coletiva, com o César fora de nós ou em nós, com o Poder em nós ou fora de nós. A esse respeito, não parou de decepcionar seus apóstolos e discípulos. Até podemos pensar que o fizesse de propósito. Não queria ser um mestre, nem ajudar seus discípulos (somente amá-los, dizia, mas o que isso ocultava?)". "Jamais se misturou realmente a eles, nem sequer trabalhou ou agiu com eles. Estava sozinho o tempo todo. Intrigou-os enormemente e, em relação a uma parte deles, abandonou-os. Recusou-se a ser o poderoso chefe físico deles; e a necessidade de prestar homenagens, própria de um homem como Judas, sentiu-se traída. Por isso ele também traiu."[3] Os apóstolos e discípulos fizeram Cristo pagar por isso: renegação, traição, torção, falsificação descarada de sua Nova. Lawrence diz que o personagem principal do cristianismo é Judas.[4] E depois João de Patmos, e depois São Paulo. *[53]* O que ma-

[2] Nietzsche, *Schopenhauer éducateur*, par. 7.

[3] *Apocalypse*, cap. III, p. 60.

[4] D. H. Lawrence, *La Verge d'Aaron*, Paris, Gallimard: "Não vedes que

nifestam é o protesto da alma coletiva, a parte negligenciada por Cristo. O Apocalipse faz valer a reivindicação dos "pobres" ou dos "fracos", pois estes não são o que se crê, os humildes ou os infelizes, e sim esses homens muito temíveis que só possuem alma coletiva. Entre as mais belas páginas de Lawrence estão aquelas sobre o Cordeiro: João de Patmos anuncia o leão de Judá, mas é um cordeiro que chega, um cordeiro com cornos que ruge como um leão, tornado singularmente sorrateiro, tanto mais cruel e aterrorizante quanto se apresenta como vítima sacrificada e não mais como sacrificador ou carrasco. Carrasco pior que os outros. "João insiste num cordeiro que está ali como que imolado; mas nunca o vemos imolado, e sim imolando a humanidade aos milhões. Mesmo quando, no final, aparece revestido com uma vitoriosa camisa ensanguentada, o sangue não é o seu [...]."[5] O cristianismo será realmente o Anticristo: ele violenta Cristo, proporciona-lhe à força uma alma coletiva; em contrapartida, propicia à alma coletiva uma figura individual de superfície, o cordeirinho. O cristianismo, e João de Patmos antes de tudo, fundaram um novo tipo de homem e um tipo de pensador que dura até os dias de hoje, que conhece um novo reinado: o cordeiro carnívoro — o cordeiro que morde e que grita "Socorro, o que eu vos fiz? Era para vosso bem e para nossa causa comum". Que curiosa figura, a do pensador moderno. Esses cordeiros com pele de leão e com dentes grandes demais já nem sequer precisam do hábito de sacerdote, ou, como dizia Lawrence, do Exército da Salvação: eles conquistaram muitos meios de expressão, muitas forças populares.

O que a alma coletiva quer é o Poder. Lawrence não diz coisas simples, seria um engano acreditar que o compreendemos prontamente. A alma coletiva não deseja simplesmente apossar-se do poder ou substituir o déspota. De um lado, ela quer destruir o poder, odeia o poder e o poderio, João de Patmos odeia de todo co-

é o príncipe de Judas que adorais de fato? Judas é o verdadeiro herói, sem Judas todo o drama seria um fracasso... Quando as pessoas dizem Cristo, querem dizer Judas. Nele encontram um gosto saboroso, e Jesus é seu padrinho..." (p. 94).

[5] *Apocalypse*, cap. IX, p. 116.

ração César ou o Império Romano. Porém, de outro lado, também quer infiltrar-se em todos os poros do poder, enxamear seus focos, multiplicá-los por todo o universo: quer um poder cosmopolita, mas não às claras, como o do Império, e sim em cada canto e *[54]* recanto, em cada rincão escuro, em cada redobra da alma coletiva.[6] Enfim e sobretudo, ela deseja um poder último, que não apele para os deuses, mas que seja o poder de um Deus sem apelação e que julgue todos os demais poderes. O cristianismo não pactua com o Império Romano, ele o transmuda. *É uma imagem do poder inteiramente nova* que o cristianismo vai inventar com o Apocalipse; o sistema do Juízo. O pintor Gustave Courbet (há muitas semelhanças entre Lawrence e Courbet) falava de pessoas que acordam de noite gritando "Quero julgar, é preciso que eu julgue!". Vontade de destruir, vontade de introduzir-se em cada canto, vontade de ser para sempre a última palavra: tripla vontade que é uma só, obstinada, o Pai, o Filho e o Espírito Santo. O poder muda singularmente de natureza, de extensão, de distribuição, de intensidade, de meios e de fim. Um contrapoder que ao mesmo tempo é um poder dos recantos e um poder dos últimos homens. O poder passa a existir tão somente como a longa política de vingança, o longo empreendimento de narcisismo da alma coletiva. Desforra e autoglorificação dos fracos, diz Lawrence-Nietzsche: mesmo o asfódelo grego se tornará narciso cristão.[7] E quantos detalhes na lista das vinganças e das glórias... Uma única coisa não se pode censurar aos fracos, o não serem bastante duros, o não estarem suficientemente imbuídos de sua glória e de sua certeza.

Ora, para esse empreendimento da alma coletiva será preciso inventar uma nova raça de sacerdotes, um tipo novo, pronto para voltar-se contra o sacerdote judeu. Este ainda não possuía

[6] Nietzsche, *L'Antéchrist*, par. 17: o Deus "estava por toda parte em casa, esse grande cosmopolita... mas permaneceu judeu, permaneceu o deus dos rincões, o deus de todos os cantos e recantos sombrios... Depois como antes, seu reino neste mundo é um reino de submundo, um hospital, um reino-subterrâneo...".

[7] D. H. Lawrence, *Promenades étrusques*, Paris, Gallimard, 1985, pp. 23-4.

nem a universalidade nem a qualidade do derradeiro, era demasiado local e esperava ainda alguma coisa. Será preciso que o sacerdote cristão substitua o sacerdote judeu, com o risco de que ambos se voltem contra Cristo. Submeterão Cristo à pior das próteses: farão dele o herói da alma coletiva e o obrigarão a devolver à alma coletiva aquilo que ele jamais quis dar. Ou melhor, o cristianismo vai dar-lhe aquilo que ele sempre odiou, um Eu coletivo, uma alma coletiva. O Apocalipse é um Eu monstruoso enxertado em Cristo. João de Patmos empenha nisso todo o seu esforço: "Sempre *[55]* títulos de poder, nunca títulos de amor. Cristo é sempre o conquistador, todo-poderoso, destruidor, brandindo sua espada cintilante, destruidor de homens até o sangue chegar à altura dos freios dos cavalos. Jamais o Cristo salvador, jamais. O filho do homem do Apocalipse desce à terra para trazer um novo e terrível poder, maior do que o de qualquer Pompeu, Alexandre ou Ciro. Poder aterrorizante e destruidor... Ficamos estupefatos [...]".[8] Forçarão Cristo a ressuscitar para isso, dar-lhe-ão lancetadas. Ele, que não julgava e não queria julgar, será convertido numa peça essencial do sistema do Juízo. Pois a vingança dos fracos, ou o novo poder, é mais precisa quando o julgar, a abominável faculdade judicativa, torna-se a faculdade mestra da alma. (Sobre a questão menor de uma filosofia cristã: sim, há uma filosofia cristã, não tanto em função da crença, mas a partir do momento em que o julgar é considerado como uma faculdade autônoma, tendo necessidade, por esse motivo, do sistema e da garantia de Deus.) O Apocalipse triunfou, jamais conseguimos sair do sistema do juízo. "E vi tronos, e aos que neles se assentaram foi dado o poder de julgar."

A esse respeito, o procedimento do Apocalipse é fascinante. Os judeus tinham inventado algo muito importante na ordem do tempo, o *destino diferido*. Em sua ambição imperial, o povo eleito fracassara, colocou-se à espera e aguardava, tornou-se "o povo do destino diferido".[9] Tal situação permanece essencial em todo o profetismo judaico e já explica a presença de certos elementos apo-

[8] *Apocalypse*, cap. VI, p. 83.

[9] *Apocalypse*, cap. VI, p. 80.

calípticos entre os profetas. Porém o que há de novo no Apocalipse é que nele a espera torna-se o objeto de uma programação maníaca sem precedente. O Apocalipse é sem dúvida o primeiro grande livro-programa com ares de grande espetáculo. A pequena e a grande morte, os sete selos, as sete trombetas, as sete taças, a primeira ressurreição, o milênio, a segunda ressurreição, o juízo final, isso basta para preencher a espera e ocupá-la. Uma espécie de Folies-Bergère, com cidade celestial e lago de enxofre infernal. Todos os detalhes das infelicidades, feridas e flagelos reservados aos inimigos, no lago, e da glória dos eleitos, *[56]* na cidade, a necessidade que estes têm de medir sua glória comparando-a com as infelicidades alheias, tudo isso vai cronometrar essa longa desforra dos fracos. O espírito de vingança introduz o programa na espera ("a vingança é um prato que..."). É preciso manter ocupados os que esperam. É preciso que a espera esteja organizada do princípio ao fim: as almas martirizadas devem esperar que os mártires sejam em número suficiente, antes que o espetáculo comece.[10] E a pequena espera de uma meia hora para a abertura do sétimo selo, a grande espera durante um milênio... É preciso, sobretudo, que o Fim seja programado. "Eles precisavam conhecer o fim tanto quanto o começo. Antes, os homens jamais quiseram conhecer a finalidade da criação... Ódio flamejante e ignóbil desejo de fim do mundo..."[11] Há aí um elemento que não pertence como tal ao Antigo Testamento, mas à alma coletiva cristã, e que opõe a visão apocalíptica e a palavra profética, o programa apocalíptico e o projeto profético. Pois se o profeta espera, já cheio de ressentimento, nem por isso deixa de estar no tempo, na vida, e espera um advento. E espera o advento como algo imprevisível e novo, cuja presença ou gestação só conhece no plano de Deus. Ao passo que o cristianismo só pode esperar um retorno, e o retorno de algo programado nos mínimos

[10] Capítulo VI do *Apocalipse*: "Até quando, Senhor, tardas tu em fazer justiça e vingar nosso sangue nos habitantes da Terra? [...] E foi-lhes dito que repousassem ainda por um tempo, até que também se completasse o número de seus companheiros e seus irmãos que, como eles, iriam ser mortos".

[11] *Apocalypse*, cap. VI, pp. 81-2.

detalhes. Com efeito, se Cristo morreu, o centro de gravidade se deslocou, já não é a vida, mas passou para além da vida, num pós-vida. O destino diferido muda de sentido com o cristianismo, visto que já não é só diferido mas protelado, colocado *depois* da morte, depois da morte de Cristo e da morte de cada um.[12] Encontramo-nos, pois, diante da tarefa de ter de preencher um tempo monstruoso, estirado entre a Morte e o Fim, a Morte e a Eternidade. Só podemos preenchê-lo com visões: "olhei, e eis que...", *[57]* "e vi...". A *visão* apocalíptica substitui a *palavra* profética, a programação substitui o projeto e a ação, todo um teatro de fantasmas sucede à ação dos profetas, bem como à paixão de Cristo. Fantasmas, fantasmas, expressão do instinto de vingança, arma da vingança dos fracos. O Apocalipse rompe com o profetismo, mas sobretudo com a elegante imanência de Cristo, para quem a eternidade era experimentada primeiro na vida, só podia ser experimentada na vida ("sentir-se no céu").

Contudo não é difícil mostrar a cada instante o fundo judaico do Apocalipse: não só o destino diferido mas todo o sistema recompensa-punição, pecado-remissão, a necessidade de o inimigo ter um sofrimento prolongado não só em sua carne mas também no espírito, o nascimento da moral, em suma, e a alegoria como expressão da moral, como meio de moralização... Porém mais interessante no Apocalipse é a presença e a reativação de um fundo pagão desviado. Que o Apocalipse seja um livro compósito nada tem de extraordinário; ao contrário, seria espantoso que um livro dessa época não o fosse. Lawrence distingue entretanto dois tipos de livros compósitos, ou antes, dois polos: em extensão, quando o livro retoma vários outros, de diferentes autores, lugares, tradições etc.; ou então em profundidade, quando ele próprio está ao mesmo tempo em vários estratos, atravessa-os, mistura-os conforme a necessidade, fazendo aflorar um substrato no estrato mais recen-

[12] Nietzsche, *L'Antéchrist*, par. 42: "São Paulo contentou-se em deslocar o centro de gravidade de toda esta existência para trás desta existência — na mentira do Cristo ressuscitado. No fundo, a vida do redentor não podia ser-lhe de nenhuma utilidade, ele precisava da morte na cruz e de algo mais [...]".

te; um livro-sondagem, e não mais síncrise. Um estrato pagão, um judeu e um cristão, é isso que marca as grandes partes do Apocalipse, com o risco de que um sedimento pagão se infiltre numa falha do estrato cristão, preenchendo um vazio cristão (Lawrence analisou o exemplo do célebre capítulo XII do Apocalipse, onde o mito pagão de um nascimento divino, com a Mãe astral e o grande dragão vermelho, vêm preencher o vazio do nascimento de Cristo).[13] Essa reativação do paganismo não é frequente na Bíblia. Podemos pensar que os profetas, os evangelistas, o próprio São Paulo sabiam muito sobre os astros, as estrelas e os cultos pagãos; porém optaram por suprimir ao máximo esse estrato, recobri-lo. Só num caso os judeus têm *[58]* absoluta necessidade de voltar a ele, quando se trata de *ver*, quando precisam ver, quando a Visão recupera certa autonomia em relação à Palavra. "Os judeus do período posterior a Davi não possuíam olhos próprios, escrutavam seu Jeová até se tornarem cegos, depois olhavam o mundo com os olhos de seus vizinhos. Quando os profetas precisavam de visões, eram obrigados a ter visões caldeias ou assírias. Tomavam emprestados outros deuses para perceber seu próprio Deus invisível."[14] Os homens da nova Palavra precisam do velho olho pagão. Isso já é verdade para os elementos apocalípticos que aparecem nos profetas. Ezequiel tem necessidade das rodas furadas de Anaximandro ("É um grande alívio encontrar as rodas de Anaximandro em Ezequiel..."). Mas é o autor do Apocalipse, o livro das Visões, é João de Patmos, quem mais tem necessidade de reativar o fundo pagão e que está em melhor situação para fazê-lo. João conhecia muito mal e muito pouco Jesus, os Evangelhos, "mas parece que sabia muita coisa a respeito do valor pagão dos símbolos, em contraposição ao seu valor judaico ou cristão".[15]

Eis que Lawrence, com todo o seu horror pelo Apocalipse e através desse horror, sente uma obscura simpatia, ou mesmo uma espécie de admiração, por esse livro: precisamente porque é sedi-

[13] *Apocalypse*, cap. XV, p. 155.

[14] *Apocalypse*, cap. VI, p. 85.

[15] *Apocalypse*, cap. VI, p. 88.

mentar e estratificado. Ocorria também a Nietzsche experimentar esse fascínio especial pelo que percebia como horrível e repugnante: "Como é interessante", dizia ele. Não há dúvida, Lawrence tem simpatia por João de Patmos, ele o considera interessante, talvez o mais interessante dos homens, nele encontra um exagero e uma presunção que não deixam de ter seu encanto. É que esses "fracos", esses homens de ressentimento, que esperam sua vingança, gozam de uma dureza que converteram em seu proveito, em sua própria glória, mas que lhes vem de outra parte. Sua incultura profunda, a exclusividade de um livro que toma para eles a figura DO livro — O LIVRO, a Bíblia e notadamente o Apocalipse —, torna-os aptos a se abrirem à pressão de um velho estrato, de um sedimento secreto que os outros já não querem conhecer. Por *[59]* exemplo, São Paulo é ainda um aristocrata: de modo algum à maneira de Jesus, mas um outro tipo de aristocrata, culto demais para não saber reconhecer e, portanto, apagar ou recalcar os sedimentos que trairiam seu programa. Daí o tratamento de censura que São Paulo inflige ao sedimento pagão e de seleção ao fundo judaico! Ele precisa de um fundo judaico revisto e corrigido, convertido, mas tem necessidade de que o fundo pagão esteja e se mantenha enterrado. E possui cultura suficiente para fazê-lo, ao passo que João de Patmos é um homem do povo. É uma espécie de minerador gaélico inculto. Lawrence começa seu comentário do Apocalipse com o retrato desses mineiros ingleses que ele conhecia bem e que o maravilhavam: rudes, muito rudes, dotados de um "sentido especial do poder bruto e selvagem", homens religiosos por excelência, na vingança e na autoglorificação, brandindo o Apocalipse, organizando as noites negras de terça-feira das capelas metodistas primitivas.[16] O chefe natural deles não é o apóstolo João nem São Paulo, mas João de Patmos. São a alma coletiva e popular do cristianismo, ao passo que São Paulo (e Lênin também, dirá Lawrence) ainda é um aristocrata que vai ao povo. Os mineiros conhecem bem os estratos. Não precisam ter lido, pois é neles que freme o fundo pagão. Justamente, abrem-se a um estrato pagão, destacam-no, trazem-no

[16] *Apocalypse*, cap. II, p. 49.

para si e limitam-se a dizer: é carvão, é Cristo. Eles operam o mais formidável desvio de um estrato para fazê-lo servir ao mundo cristão, mecânico e técnico. O Apocalipse é uma imensa maquinaria, uma *organização já industrial*, Metrópolis. Em virtude de sua experiência vivida, Lawrence toma João de Patmos por um mineiro inglês, o Apocalipse por uma série de gravuras penduradas nas paredes da casa do mineiro, o espelho de um rosto popular, rude, impiedoso e piedoso. É a mesma causa que a de São Paulo, o mesmo empreendimento, mas de modo algum é o mesmo tipo de homem, o mesmo procedimento, a mesma função, sendo São Paulo o último diretor, e João de Patmos o operário, o terrível operário da última hora. O chefe de empresa deve interditar, censurar, selecionar, ao passo que o operário pode martelar, alongar, comprimir, recuperar uma matéria... Por isso, na aliança *[60]* Nietzsche-Lawrence não se deve considerar que a diferença de alvo, São Paulo para um, João de Patmos para o outro, seja anedótica ou secundária. Ela determina uma diferença radical entre os dois livros. Lawrence agarra bem a flecha de Nietzsche, mas por sua vez a atira de maneira inteiramente diferente, mesmo que ambos acabem se encontrando no mesmo inferno, demência e hemoptise, enquanto São Paulo e João de Patmos ocupam todo o céu.

Mas Lawrence reencontra todo o seu desprezo e horror por João de Patmos. Com efeito, essa reativação do mundo pagão, às vezes até comovente e grandiosa na primeira parte do Apocalipse, para que serve, a serviço de que é posta na segunda parte? Não se pode dizer que João odeie o paganismo: "Ele o aceita quase tão naturalmente quanto sua própria cultura hebraica, e muito mais naturalmente que o novo espírito cristão, que lhe é estranho". Seu inimigo não são os pagãos, é o Império Romano. Ora, os pagãos não são de modo algum os romanos, seriam antes os etruscos; nem sequer são os gregos, e sim os homens do Egeu, a civilização do Egeu. Mas para assegurar em visão a queda do Império Romano é preciso juntar, convocar, ressuscitar o Cosmos inteiro, é preciso destruí-lo a fim de que ele mesmo arraste e sepulte o Império Romano sob seus escombros. Tal é esse estranho desvio, esse estranho viés pelo qual não se ataca diretamente o inimigo: o Apocalipse precisa de uma destruição do mundo para assentar seu poder último e sua cidade celestial, e só o paganismo lhe fornece um mundo, um cosmos. Ele vai então chamar de volta o cosmos pagão para acabar com ele, para operar sua destruição alucinatória. Lawrence define o cosmos de uma maneira muito simples: *é o lugar dos grandes símbolos vitais e das conexões vivas*, a vida-mais-que-pessoal. Os judeus substituem as conexões cósmicas pela aliança do Deus com o povo eleito; os cristãos substituirão a vida supra ou infrapessoal pelo pequeno vínculo pessoal da alma com Cristo; os judeus e os cristãos substituirão os símbolos pelas alegorias. Este mundo pagão, que permanece vivo apesar de tudo, que continua vivendo poderosamente no fundo de nós, o Apocalipse o elogia, o invoca, o traz de volta, mas para acertar com ele suas contas, para assassiná-lo de verdade, nem sequer por ódio direto, mas porque precisa disto como de um meio. O *[61]* cosmo já havia recebido muitos golpes, mas é com o Apocalipse que ele morre.

Quando os pagãos falavam do mundo, o que os interessava eram sempre os começos, e os saltos de um ciclo a outro; mas agora sobrou só um fim, ao termo de uma longa linha monótona, e, necrófilos, nós só nos interessamos por esse fim, desde que ele seja definitivo. Quando os pagãos, os pré-socráticos, falavam de destruição, viam nisso sempre uma injustiça, proveniente do excesso de um elemento sobre um outro, e o injusto era antes de tudo o destruidor. Mas agora *é à destruição que chamam de justa*, é a vontade de destruir que se denomina Justiça e Santidade. É o aporte do Apocalipse: nem sequer recrimina-se os romanos de serem destruidores, não se lhes guarda rancor por esta razão que, no entanto, seria uma boa razão; recriminam-se Roma-Babilônia por ser uma rebelde, uma revoltada, por abrigar revoltados, gente humilde ou importante, pobres ou ricos! Destruir, e destruir um inimigo anônimo, intercambiável, um inimigo *qualquer*, tornou-se o ato mais essencial da nova justiça. Consignar o inimigo qualquer como aquele que não está em conformidade com a ordem de Deus. É curioso como, no Apocalipse, todo mundo deverá ser marcado, trará uma marca na fronte ou na mão, marca da Besta ou de Cristo; e o Cordeiro marcará 144 mil pessoas, e a Besta... Cada vez que se programa uma cidade radiosa, sabemos perfeitamente que é uma maneira de destruir o mundo, de torná-lo "inabitável" e de inaugurar a caça ao inimigo qualquer.[17] Talvez não haja muitas semelhanças entre Hitler e o Anticristo, mas muita semelhança, em contrapartida, entre a Nova Jerusalém e o futuro que nos prometem, não só na ficção científica mas antes na planificação militar-industrial do Estado mundial absoluto. O Apocalipse não é o campo de concentração (Anticristo), e sim a grande segurança militar, policial e civil de um Estado novo (Jerusalém celestial). A modernidade do Apocalipse não está nas catástrofes *[62]* anunciadas, mas na autoglorificação programada, na instituição da glória da Nova Jerusalém, na instauração demente de um poder último, judiciário e moral. Terror arquitetônico da nova Jerusalém, com sua muralha, sua grande avenida de cristal, "e a cidade não precisa nem do sol nem da lua para lhe darem claridade [...], e nela jamais penetrará coisa alguma contaminada, mas somente os inscritos no livro da vida do Cordeiro". Involuntariamente, o Apocalipse ao menos nos convence de que o mais terrível não é o Anticristo, mas essa nova cidade descida do céu, a cidade santa, "ataviada como uma noiva adornada para o seu esposo". Cada leitor um tanto quanto são do Apocalipse já se sente num lago sulfuroso.

Entre as mais belas páginas de Lawrence estão as concernentes a essa reativação do mundo pagão, mas em condições tais que os símbolos vitais já se encontram em plena decadência e todas as suas conexões vivas foram cortadas. "A mais grosseira falsificação literária", dizia Nietzsche. Essa é a força de Lawrence quando ele analisa os temas precisos dessa decadência, dessa falsificação no Apocalipse (contentamo-nos em indicar alguns pontos):

1. *A transformação do inferno*. Justamente, para os pagãos o inferno não existe separado, depende da transformação dos elementos no interior de um ciclo: quando o fogo se torna forte demais para as águas doces, ele as queima, e a água produz o sal como a criança a injustiça que a corrompe e a torna amarga. O in-

[17] Alguns pensadores descrevem hoje um quadro propriamente "apocalíptico", onde se destacam três características: 1) os germes de um Estado mundial absoluto; 2) a destruição do mundo "habitável" em proveito de um meio ambiente estéril e mortífero; 3) a caça ao inimigo "qualquer" — por exemplo: Paul Virilio, *L'Insécurité du territoire*, Paris, Stock, 1976.

ferno é o mau aspecto da água subterrânea. Se ele recolhe os injustos, é porque ele próprio é o efeito de uma injustiça elementar, um avatar dos elementos. Mas pensar que o próprio inferno esteja separado, que tenha existência em si mesmo e que seja uma das duas expressões da justiça última, tais ideias deverão esperar a chegada do cristianismo: "Mesmo os antigos infernos judaicos, de Sheol e de Geena, eram lugares relativamente brandos, eram Hades desconfortáveis, mas desapareceram com a nova Jerusalém", em proveito de um "lago de enxofre incandescente *por natureza*", onde as almas ardem para sempre.[18] Mesmo o mar, para maior segurança, será despejado no lago de enxofre: assim, não haverá mais nenhuma conexão. *[63]*

2. *A transformação dos cavaleiros.* Tentar reencontrar o que é um cavalo verdadeiramente pagão, quais conexões estabelece entre cores, temperamentos, naturezas astrais, partes da alma enquanto cavaleiros: não cabe restringir-se à vista, mas à simbiose vivida homem-cavalo. O branco, por exemplo, é também o sangue, que age como pura luz branca, ao passo que o vermelho é apenas a vestimenta do sangue, fornecida pela bílis. Vasto entrecruzamento de linhas, planos e relações.[19] Mas com o cristianismo o cavalo não passa de um carregador a quem se diz "vem", e ele carrega abstrações.

3. *A transformação das cores e do dragão.* Lawrence desenvolve um belíssimo devir das cores. Pois o mais antigo dragão é vermelho, vermelho-ouro, estendido no cosmo em espiral ou enrolado na coluna vertebral do homem. Mas quando chega o momento de sua ambiguidade (é bom? é ruim?) continua vermelho para o homem, ao passo que o bom dragão cósmico tornou-se verde translúcido no meio das estrelas, como uma brisa de primavera. O vermelho tornou-se perigoso para o homem (não esquecer que Lawrence escreveu em meio às expectorações de sangue). Mas por fim o dragão vira branco, um branco sem cor, o branco sujo de nosso

[18] *Apocalypse*, cap. XIII, pp. 141-2.

[19] *Apocalypse*, cap. X, p. 121. (O cavalo como força viva e símbolo vivido aparece no romance de D. H. Lawrence, *La Femme et la bête*, Paris, Éditions du Siècle, 1932.)

logos, uma espécie de verde-cinza. Quando o ouro vira moeda? Precisamente quando deixa de ser o ouro vermelho do primeiro dragão, quando o dragão adquire essa cor de papel machê da pálida Europa.[20]

4. *A transformação da mulher.* O Apocalipse ainda presta uma homenagem fugidia à grande Mãe cósmica, envolta pelo Sol e com a Lua debaixo dos pés. Mas ela permanece ali, plantada, fora de qualquer conexão. E seu filho lhe é arrancado, "arrebatado em direção a Deus"; ela é enviada ao deserto, de onde não sairá mais. Retorna apenas sob a forma invertida da puta de Babilônia: ainda esplêndida, sentada em seu dragão vermelho, condenada à destruição. Dir-se-ia que a mulher só tem esta escolha: ou ser a puta sobre o dragão, ou ficar à mercê de "todas as pequenas serpentes cinzentas do tormento e da vergonha modernas" (como diz Lawrence, a mulher atual é chamada a fazer de sua vida "algo que valha a pena", *[64]* a extrair do pior o melhor, sem pensar que isso é ainda pior; por isso, a mulher toma uma forma estranhamente policial, "mulher-policial" moderna).[21] Mas já o Apocalipse havia transformado as potências angélicas em singulares policiais.

5. *A transformação dos gêmeos.* O mundo pagão não era feito só de conjunções vivas; comportava fronteiras, limiares e portas, disjunções, para que algo passasse entre duas coisas, ou para que uma substância passasse de um estado a outro, ou se alternasse com um outro, evitando as misturas perigosas. Os gêmeos têm precisamente esse papel de disjuntores: senhores dos ventos e da chuva, porque abrem as portas do céu; filhos do trovão, porque fendem as nuvens; guardiões da sexualidade, porque mantêm a distância por onde se insinua o nascimento e fazem alternar a água e o sangue, esquivando o ponto mortífero em que tudo se misturaria sem medida. Os gêmeos são, pois, os senhores dos fluxos, de sua passagem, de sua alternância e disjunção.[22] Por isso o Apocalipse precisa mandar matá-los e depois fazê-los subir ao céu, não

[20] *Apocalypse*, cap. XVI, pp. 169-73.

[21] *Apocalypse*, cap. XV e XVI, pp. 155 e 161.

[22] *Apocalypse*, cap. XIV, p. 151.

para que o mundo pagão conheça sua própria desmedida periódica, mas para que a medida lhe venha de fora como uma sentença de morte.

6. *A transformação dos símbolos em metáforas e alegorias.* O símbolo é potência cósmica concreta. A consciência popular, inclusive no Apocalipse, preserva um certo sentido do símbolo, mesmo adorando o Poder bruto. E, no entanto, quantas diferenças entre a potência cósmica e a ideia de um poder último... Lawrence esboça alguns traços do símbolo, alternadamente. Trata-se de um procedimento dinâmico para a ampliação, o aprofundamento, a extensão da consciência sensível, é um devir cada vez mais consciente, por oposição ao fechamento da consciência moral na ideia fixa alegórica. É um método do Afecto, intensivo, uma intensidade cumulativa que marca unicamente o limiar de uma sensação, o despertar de um estado de consciência: o símbolo não quer dizer nada, não é para ser explicado nem interpretado, contrariamente à consciência intelectual da alegoria. É um *pensamento rotativo*, em que um grupo de imagens *[65]* gira cada vez mais rápido em torno de um ponto misterioso, por oposição à cadeia linear alegórica. Pensemos na questão da Esfinge: "O que é que primeiro anda com quatro patas, depois com duas e por fim com três?" É uma pergunta estúpida se nela vemos três partes encadeadas cuja resposta final seria o Homem. Em contrapartida, ela se anima se sentimos três grupos de imagens em via de voltear ao redor do ponto mais misterioso do homem, as imagens da criança-animal, depois as da criatura com duas patas, macaco, pássaro ou sapo, e depois as da desconhecida besta de três patas, do além dos mares e desertos. Nisso consiste, precisamente, o símbolo rotativo: não tem início nem fim, não nos conduz a parte alguma, não chega a lugar nenhum, sobretudo não tem ponto final, nem sequer etapas. Está sempre no meio, no meio das coisas, entre as coisas. Só tem um meio, meio cada vez mais profundo. O símbolo é um turbilhão, ele nos faz voltear até produzir esse estado intenso de onde surge a solução, a decisão. O símbolo é um *processo de ação e de decisão*; nesse sentido está ligado ao oráculo, que proporcionava imagens turbilhonantes. Pois é assim que tomamos uma verdadeira decisão: quando giramos em nós mesmos, sobre nós mesmos, cada vez mais rápido, "até que se

forme um centro e saibamos o que fazer". É o contrário de nosso pensamento alegórico; este não é mais um pensamento ativo, porém um pensamento que não para de postergar ou diferir. *Substituiu o poder de decisão pelo poder do juízo.* Por isso exige um ponto final como um juízo final. E coloca pontos provisórios entre cada frase, entre cada fase, entre cada segmento, como outras tantas etapas num caminho que prepara a chegada. Foi sem dúvida devido à vista, ao livro e à leitura que desenvolvemos esse gosto pelos pontos, pelas linhas segmentadas, pelos inícios, pelos fins e pelas etapas. Ver é o sentido que nos separa, a alegoria é visual, ao passo que o símbolo convoca e reúne todos os outros sentidos. Quando o livro ainda era um rolo, talvez conservasse um poder de símbolo. Mas, justamente, como explicar essa esquisitice, que o livro dos sete selos supostamente é um rolo, e não obstante os selos são abertos sucessivamente, por etapas, a tal ponto o Apocalipse tem necessidade de colocar pontos por toda parte, instalar segmentos em todo lugar? O símbolo, por sua vez, é feito de *[66]* conexões e disjunções físicas, e mesmo quando nos encontramos diante de uma disjunção, é de um modo tal que algo continua passando na separação, substância ou fluxo, pois o símbolo é o pensamento dos fluxos, contrariamente ao processo intelectual e linear do pensamento alegórico: "O espírito moderno apreende partes, restos e pedaços, e coloca um ponto depois de cada frase, ao passo que a consciência sensível apreende um conjunto enquanto rio ou fluxo". O Apocalipse revela seu próprio objetivo; desconectar-nos do mundo e de nós mesmos.[23]

Exit o mundo pagão. O Apocalipse o fez vir à tona uma última vez a fim de destruí-lo para sempre. Devemos retornar ao outro eixo: não mais a oposição do Apocalipse ao mundo pagão, porém uma oposição inteiramente diferente, do Apocalipse ao Cristo enquanto pessoa. Cristo havia inventado uma religião de amor, isto é, uma cultura aristocrática da parte individual da alma; o Apoca-

[23] Esses diferentes aspectos do pensamento simbólico são analisados por D. H. Lawrence no decorrer de seu comentário do Apocalipse. Para uma exposição mais geral a respeito dos planos, dos centros ou focos, dos meios, das partes da alma, reportar-se a *Fantaisie de l'inconscient*, Paris, Stock, 1932.

lipse inventa uma religião de Poder, isto é, um terrível culto popular da parte coletiva da alma. O Apocalipse produz um eu coletivo para Cristo, dá a ele uma alma coletiva, e tudo muda. Transmutação do impulso de amor em empreendimento de vingança, do Cristo evangélico em Cristo apocalíptico (o homem com a espada entre os dentes). Daí a importância da advertência de Lawrence: não é o mesmo João o que escreve um evangelho e o que escreve o Apocalipse. E, não obstante, *talvez eles estejam mais unidos do que se fossem o mesmo*. E os dois Cristos estão mais unidos do que se fossem o mesmo: "as duas faces de uma mesma moeda".[24]

Para explicar essa complementaridade, será suficiente dizer que Cristo havia "pessoalmente" negligenciado a alma coletiva e lhe havia deixado o campo livre? Ou há uma razão mais profunda, mais abominável? Lawrence lança-se num assunto complexo: parece-lhe que a razão da reviravolta, da desfiguração, não depende de uma simples negligência, mas deve ser buscada já no amor de Cristo, *[67]* na maneira que ele tinha de amar. O modo como amava já era horrível. É o que permitiria a substituição de uma religião de amor por uma religião de Poder. Havia no amor de Cristo uma espécie de identificação abstrata, ou, pior ainda, *um ardor de dar sem nada tomar*. Cristo não queria responder às expectativas de seus discípulos, e mesmo assim não desejava conservar nada, nem sequer a parte inviolável de si mesmo. Tinha algo de suicida. Lawrence escreve um romance, *O homem que morreu*, pouco antes de seu texto sobre o Apocalipse: nele imagina Cristo ressuscitado ("despregaram-me rápido demais"), porém também enojado, dizendo "isso nunca mais". Reencontrado por Madalena, que deseja dar-lhe tudo, percebe no olhar da mulher um pequeno clarão de triunfo, na voz um tom de triunfo em que se reconhece a si mesmo. Ora, é o mesmo clarão, o mesmo tom presente entre *aqueles que tomam sem dar*. No ardor de Cristo e na cupidez cristã, na religião do amor e na religião de poder, há a mesma fatalidade: "Dei mais do que tomei, e *também isso* é miséria e vaidade. Não passa, ainda, de uma outra morte... Agora ele sabia que o corpo ressuscita para

[24] *Apocalypse*, cap. XXII, p. 202.

dar e para tomar, para tomar e para dar, sem cupidez". Em sua obra inteira, Lawrence tendeu para essa tarefa: diagnosticar, acuar o pequeno clarão maldoso por toda parte em que se encontre, naqueles que tomam sem dar *ou* nos que dão sem tomar — João de Patmos e Cristo.[25] Entre Cristo, São Paulo e João de Patmos, o círculo se fecha: Cristo, aristocrata, artista da alma individual e que deseja dar essa alma; João de Patmos, o operário, o mineiro, que reivindica a alma coletiva e quer tomar tudo; e São Paulo para arrematar, uma espécie de aristocrata indo em direção ao povo, uma espécie de Lênin que dará à alma coletiva uma organização, criará "uma oligarquia de mártires", dará a Cristo objetivos, e meios ao Apocalipse. Não era preciso tudo isso para *[68]* formar o sistema do juízo? Suicídio individual e suicídio de massa, com autoglorificação por todos os lados. Morte, morte, tal é o único juízo.

Então, salvar a alma individual e também a alma coletiva, mas como? Nietzsche concluía o *Anticristo* com sua célebre Lei contra o Cristianismo. Lawrence conclui seu comentário do Apocalipse com uma espécie de manifesto — o que ele chama em outro lugar de uma "litania de exortações".[26] Deixar de amar. Opor ao juízo de amor "uma *decisão* que o amor jamais poderá vencer". Chegar ao ponto em que não se possa mais dar, tampouco tomar, em que se sabe que não se "dará" mais nada, o ponto de Aarão ou de *O homem que morreu*, pois o problema se deslocou, construir as margens por onde um fluxo possa correr, disjuntar-se ou conjugar-se.[27]

[25] D. H. Lawrence, *L'Homme qui était mort*, Paris, Gallimard, 1977, pp. 72-80: a grande cena de Cristo com Madalena ("E no seu coração sabia que jamais iria morar com ela. Pois um clarão de triunfo havia brilhado nos olhos da mulher, o ardor de dar... Mais uma vez o dominou uma repulsa por toda a vida que ele conhecera". Cena análoga em *La Verge d'Aaron*, cap. XII, quando Aarão vai reencontrar sua mulher e foge novamente, estarrecido pelo clarão em seus olhos.

[26] *Fantaisie de l'inconscient*, pp. 178-82.

[27] Sobre a necessidade de estar só e de atingir a recusa de dar, tema constante de Lawrence, cf. *La Verge d'Aaron*, pp. 189-201 ("Seu isolamento intrínseco e central era o próprio centro de seu ser, se rompesse essa solidão central, tudo se quebraria. Ceder era a grande tentação, e era o sacrilégio final [...]") e p. 154 ("Primeiro era preciso estar inteiramente só, era o único

Não mais amar, não mais se dar, não mais tomar. Salvar assim a parte individual de si mesmo. Pois o amor não é a parte individual, não é a alma individual: é antes o que faz da alma individual um Eu. Ora, um eu é algo feito para ser dado ou tomado, que deseja amar ou ser amado, é uma alegoria, uma imagem, um Sujeito, não uma verdadeira relação. O eu não é uma relação, é um reflexo, é o pequeno clarão que produz um sujeito, o clarão de triunfo num olhar ("o sujo segredinho", escreve às vezes Lawrence). Adorador do sol, Lawrence diz, contudo, que o clarão do sol sobre a relva não basta para fazer uma relação. Daí ele extrai uma concepção da pintura e da música. O que é individual é a relação, é a alma, não o eu. O eu tem tendência a identificar-se ao mundo, mas já é a morte, ao passo que a alma estende o fio de suas "simpatias" e "antipatias" vivas.[28] Deixar de pensar-se como um eu para viver-se como um fluxo, um conjunto de fluxos, em relação com outros fluxos, fora de si e dentro de si próprio. E mesmo a raridade é um fluxo, mesmo o esgotamento, mesmo a morte pode vir a ser um fluxo. *Sexual* e *simbólico*, equivalentes, de fato, nunca *[69]* quiseram dizer outra coisa: a vida das forças ou dos fluxos.[29] No eu existe uma tendência para aniquilar-se que, em Cristo, encontra um declive e no budismo um término: donde a desconfiança de Lawrence (ou de Nietzsche) em face do Oriente. A alma, como vida dos fluxos, é querer-viver, luta e combate. Não só a disjunção, mas também a conjunção dos fluxos é luta e combate, abraço. Todo acordo/acorde é dissonante. O contrário da guerra: a guerra é o aniquilamento geral que exige a participação do eu, mas o combate rejeita a guerra, é conquista da alma. A alma recusa os que querem a guerra porque a confundem com a luta, mas também os que renunciam à luta porque a confundem com a guerra: o cristianismo

caminho em direção a uma harmonia final e vital, estar só numa solidão perfeita, acabada [...]").

[28] D. H. Lawrence, *Études sur la littérature classique américaine*, Paris, Seuil, 1948, pp. 216-8.

[29] Sobre a concepção dos fluxos e da sexualidade que daí deriva, cf. um dos últimos textos de Lawrence, "Nous avons besoin les uns des autres" (1930), in *Eros et les chiens*, Paris, Christian Bourgois, 1969.

militante e o Cristo pacifista. Tem-se a parte inalienável da alma quando se deixa de ser um eu: é preciso conquistar essa parte eminentemente fluente, vibrante, lutadora.

O problema coletivo, então, consiste em instaurar, encontrar ou reencontrar um máximo de conexões. Pois as conexões (e as disjunções) são precisamente a física das relações, o cosmos. Mesmo a disjunção é física, ela só existe como as duas margens, para permitir a passagem dos fluxos ou sua alternância. Porém nós, nós vivemos no máximo numa "lógica" das relações (Lawrence e Russell não se suportavam). Da disjunção fazemos um "ou, ou". Da conexão fazemos uma relação de causa e efeito, ou de princípio a consequência. Do mundo físico dos fluxos abstraímos um reflexo, um duplo exangue, feito de sujeitos, objetos, predicados, relações lógicas. Extraímos assim o sistema do juízo. A questão não é opor sociedade e natureza, artificial e natural. Pouco importam os artifícios. Mas a cada vez que uma relação física for traduzida em relações lógicas, o símbolo em imagens, o fluxo em segmentos, a cada vez que a troca for recortada em sujeitos e objetos, uns pelos outros, será preciso dizer que o mundo morreu e que a alma coletiva, por sua vez, foi enclausurada num eu, seja o do povo ou o do déspota. São as "falsas conexões" que Lawrence opõe à *Physis*. O que se deve *[70]* recriminar no dinheiro, segundo a crítica de Lawrence, assim como no amor, não é o ser ele um fluxo, mas ser uma falsa conexão que amoeda sujeitos e objetos: quando o ouro se converte em moeda...[30] Não há retorno à natureza, só há um problema político da alma coletiva, as conexões de que uma sociedade é capaz, os fluxos que ela suporta, inventa, deixa ou faz passar. Pura e simples sexualidade, sim, se por isso entendemos a física individual e social das relações, por oposição a uma lógica assexuada. Como os que têm gênio, Lawrence morre dobrando com cuidado suas tirinhas, arrumando-as cuidadosamente (ele supunha que Cristo havia feito assim) e girando em torno dessa ideia, nessa ideia...

[30] *Apocalypse*, cap. XXIII, p. 210. É esse problema das falsas e das verdadeiras conexões que anima o pensamento político de Lawrence, notadamente em *Eros et les chiens* e *Corps social* (Paris, Christian Bourgois, 1974).

7.
REAPRESENTAÇÃO DE MASOCH
[71]

Masoch não é um pretexto para a psiquiatria ou para a psicanálise, nem sequer uma figura particularmente marcante do masoquismo. É que a obra mantém a distância toda interpretação extrínseca. Mais próximo de um médico do que de um doente, o escritor faz um diagnóstico, mas é o diagnóstico do mundo; segue a doença passo a passo, mas é a doença genérica do homem; avalia as possibilidades de uma saúde, mas trata-se do nascimento eventual de um homem novo: "o Legado de Caim", "o Signo de Caim" como obra total. Se os personagens, situações e objetos do masoquismo recebem esse nome, é porque adquirem na obra romanesca de Masoch uma dimensão desconhecida, sem medida, que transborda do inconsciente não menos que das consciências. O herói do romance está inflado de potências que excedem sua alma tanto quanto seu meio. Portanto, o que é preciso considerar em Masoch são suas contribuições à arte do romance.

Em primeiro lugar, Masoch desloca a questão dos sofrimentos. Ao fazer com que lhe inflijam sofrimentos, por mais vivos que sejam, o herói masoquista os subordina a um contrato. O essencial é o contrato de submissão com a mulher. A maneira pela qual o contrato está enraizado no masoquismo continua sendo um mistério. Diríamos que se trata de desfazer o liame do desejo com o prazer: o prazer interrompe o desejo, de modo que a constituição do desejo como processo deve conjurar o prazer e postergá-lo ao infinito. A mulher-carrasco lança sobre o masoquista uma onda retardada de dor, que ele utiliza, mas não para dela extrair prazer, evidentemente, e sim para remontar-lhe o curso e constituir um processo ininterrupto de desejo. O essencial vem a ser a espera ou o suspense como plenitude, como intensidade física e espiritual.

Os ritos de suspensão tornam-se as figuras romanescas *[72]* por excelência, tanto no que se refere à mulher-carrasco, que suspende seu gesto, como no tocante ao herói-vítima, cujo corpo suspenso aguarda o golpe. Masoch é o escritor que faz do suspense a mola romanesca em estado puro, quase insuportável. A complementaridade contrato-suspense infinito desempenha em Masoch um papel análogo ao do tribunal e da "moratória ilimitada" em Kafka: um destino diferido, um juridicismo, um extremo juridicismo, uma Justiça que não se confunde em absoluto com a lei.

Em segundo lugar, o papel do animal, tanto por parte da mulher do casaco de peles como da vítima (animal de montar ou de tração, cavalo ou boi). A psicanálise sempre ignorou a relação do homem com o animal, pois via nisso figuras edípicas demasiado humanas. Também nos enganam os cartões-postais ditos masoquistas, onde velhos senhores ficavam de quatro feito cães diante de uma amante severa. Os personagens masoquistas não imitam o animal, atingem zonas de indeterminação, de vizinhança, onde a mulher e o animal, o animal e o homem tornam-se indiscerníveis. O romance inteiro tornou-se romance de adestramento, último avatar do romance de formação. É um ciclo de forças. O herói de Masoch adestra aquela que deve adestrá-lo. Em vez de o homem transmitir suas forças adquiridas às forças inatas do animal, a mulher transmite forças animais adquiridas às forças inatas do homem. Também aí o mundo do *suspense* é percorrido por ondas.

As formações delirantes são como núcleos da arte. Mas uma formação delirante não é familiar ou privada, é histórico-mundial: "sou um animal, um negro..." segundo a fórmula de Rimbaud. O importante, então, consiste em saber quais regiões da História e do Universo são investidas por tal ou qual formação. Fazer o mapa em cada caso: os mártires cristãos, ali onde Renan via o nascimento de uma estética nova. Imaginar até que é a Virgem, mãe severa, quem põe Cristo na cruz para fazer nascer um novo homem, é a mulher cristã a que conduz os homens ao suplício. Mas também o amor cortês, suas provas e seu processo. E ainda as comunas agrícolas da estepe, as seitas religiosas, as minorias no Império Austro-Húngaro, o papel das mulheres nessas comunas e minorias e no pan-eslavismo. *[73] Cada formação delirante apropria-se de meios e mo-*

mentos muito variados, juntando-os à sua maneira. A obra de Masoch, inseparável de uma literatura de minorias, impregna as zonas glaciais do Universo e as zonas femininas da História. Uma grande vaga, a de Caim, o errante, cujo destino está para sempre suspenso, mescla os tempos e os lugares. A mão de uma mulher severa atravessa a vaga e se estende em direção ao errante. O romance, segundo Masoch, é caínico, assim como é ismaelita, segundo Thomas Hardy (estepe e matagal). É a linha quebrada de Caim.

Uma literatura de minoria não se define por uma língua local que lhe seria própria, mas por um tratamento a que ela submete a língua maior. O problema é análogo em Kafka e em Masoch.[1] A língua de Masoch é um alemão muito puro, que, não obstante, vê-se afetado por um tremor, como diz Wanda. Esse tremor não precisa ser efetuado no nível dos personagens; é preciso até mesmo evitar mimetizá-lo, bastando indicá-lo incessantemente, pois já não é só um traço de fala, mas um caráter superior da língua em função das lendas, situações e conteúdos dos quais ela se alimenta. Um tremor que já não é psicológico, porém linguístico. Assim, fazer a própria língua gaguejar, no mais profundo do estilo, é um procedimento criador que atravessa grandes obras. Como se a língua se tornasse animal. Pascal Quignard mostrou como Masoch faz a língua "balbuciar": balbuciar, que é colocar em suspense, mais do que gaguejar, que seria uma retomada, uma proliferação, uma bifurcação, um desvio.[2] Mas essa diferença não é o essencial. Há muitos indícios ou diversos procedimentos que o escritor pode distender

[1] Em sua biografia de Sacher-Masoch (Paris, Laffont, 1989, p. 303), Bernard Michel mostra que o próprio nome do herói de *A metamorfose*, Gregor Samsa, é provavelmente uma homenagem a Masoch: Gregor é o pseudônimo que o herói da *Venus* adota, e Samsa parece efetivamente um diminutivo ou um anagrama parcial de Sacher-Masoch. Não só os temas "masoquistas" abundam em Kafka como o problema das minorias no Império Austro-Húngaro anima as duas obras. Nem por isso deixa de haver grandes diferenças entre a juridicismo de tribunal em Kafka e o juridicismo de contrato em Masoch.

[2] Pascal Quignard, *L'Être du balbutiement: essai sur S.-M.*, Paris, Mercure de France, 1969, pp. 21-2, 147-64.

através da língua para fazer dela um estilo. A cada vez que uma língua é submetida a tais tratamentos *[74]* criadores, é a linguagem inteira que é levada ao seu limite, música ou silêncio. É o que Quignard mostra: Masoch faz a língua balbuciar e, assim, impele a linguagem ao seu ponto de suspensão, canto, grito ou silêncio, canto dos bosques, grito da aldeia, silêncio da estepe. O suspense dos corpos e o balbucio da língua constituem o corpo-linguagem, ou a obra de Masoch.

8.
WHITMAN
[75]

Com muita segurança e tranquilidade, Whitman diz que a escrita é fragmentária e que o escritor *americano* tem o dever de escrever em fragmentos. É justamente o que nos desconcerta, essa atribuição à América, como se a Europa não houvesse tomado a dianteira nessa via. Mas talvez seja preciso lembrar a diferença que Hölderlin descobria entre os gregos e os europeus: o que é natal ou inato nos primeiros deve ser adquirido ou conquistado pelos segundos, e inversamente.[1] De uma outra maneira, ocorre o mesmo com europeus e americanos: os europeus têm um senso inato da totalidade orgânica, ou da composição, mas devem adquirir o senso do fragmento e só podem fazê-lo por meio de uma reflexão trágica ou de uma experiência do desastre. Os americanos, ao contrário, têm um senso natural do fragmento, e o que devem conquistar é o sentimento da totalidade, da bela composição. O fragmento está dado, de uma maneira irrefletida que precede o esforço: fazemos planos, mas quando chega o momento de agir "precipitamos o assunto e deixamos a pressa e a grosseria da forma contarem a história melhor do que o faria um trabalho elaborado".[2] O próprio da América não é, portanto, o fragmentário, mas a espontaneidade do fragmentário: "espontâneo e fragmentário", diz Whitman.[3] Na Amé-

[1] Hölderlin, *Remarques sur Œdipe*, Paris, Éditions 10-18, 1965 (e cf. os comentários de Jean Beaufret, pp. 8-11).

[2] Whitman, *Specimen days*, "Au fond des bois": tradução francesa no prelo, Mercure de France; nossas citações provêm dessa tradução de Julien Deleuze [*Comme des baies de genévrier*, Paris, 1993].

[3] *Idem.*

rica, a escrita é naturalmente *convulsiva*: "São apenas pedaços do verdadeiro enlouquecimento, do calor, da fumaça e da excitação dessa época". Mas *[76]* a "convulsividade", como o precisa Whitman, caracteriza a época e o país, não menos que a escrita.[4] Se o fragmento é o inato americano, é porque a própria América é feita de Estados federados e de diversos povos imigrantes (minorias): por toda parte há coleção de fragmentos, assediada pela ameaça da Secessão, isto é, da guerra. A experiência do escritor americano é inseparável da experiência americana, mesmo quando ele não fala da América.

É o que confere à obra fragmentária o valor imediato de uma enunciação coletiva. Kafka dizia que numa literatura menor, isto é, de minoria, não há história privada que não seja imediatamente pública, política, popular: toda a literatura vem a ser "o caso de um povo", e não de indivíduos excepcionais.[5] Não seria a literatura americana menor por excelência, na medida em que a América pretende federar as mais diversas minorias? "Nação formigante de nações"? A América coleta extratos, apresenta amostras de todas as épocas, todas as terras e todas as nações.[6] Ali, a história de amor mais simples já coloca em cena Estados, povos e tribos; a autobiografia mais pessoal é necessariamente coletiva, como se vê ademais em Wolfe ou em Miller. É uma literatura popular, feita pelo povo, pelo "homem médio" como criação da América, e não por "grandes indivíduos".[7] E, desse ponto de vista, o eu dos anglo-saxões, sempre despedaçado, fragmentário, relativo, opõe-se ao *Eu* substancial, total e solipsista dos europeus.

O mundo como conjunto de partes heterogêneas: colcha de retalhos infinita, ou muro ilimitado feito apenas de pedras (um muro cimentado ou peças de um quebra-cabeça, recomporiam uma totalidade). O mundo como *mostruário*: as amostras ("espécimes")

[4] *Specimen days*, "convulsividade".

[5] Kafka, *Journal*, Paris, Livre de Poche, 1982, pp. 181-2.

[6] Tema constante das *Feuilles d'herbe*, Paris, Mercure de France. Cf. também Melville, *Redburn*, cap. 33, Paris, Gallimard.

[7] *Specimen days*, "Echo d'un interviewer".

são precisamente singularidades, partes notáveis e não totalizáveis que se destacam de uma série de partes ordinárias. Amostras de dias, *specimen days*, diz Whitman. Amostras de casos, amostras de cenas ou de vistas (*scenes*, *shows* ou *[77] sights*). Com efeito, as amostras ora são casos, segundo uma coexistência de partes separadas entre si por intervalos de espaço (os feridos nos hospitais), ora são vistas segundo uma sucessão de fases de um movimento separadas por intervalos de tempo (os momentos de uma batalha incerta). Nos dois casos, a lei é a da fragmentação. Os fragmentos são grãos, "granulações". Selecionar os casos singulares e as cenas menores é mais importante que qualquer consideração de conjunto. É nos fragmentos que aparece o pano de fundo oculto, celeste ou demoníaco. O fragmento é o "reflexo apartado" de uma realidade sangrenta ou pacífica.[8] Mas é preciso que os fragmentos, as partes notáveis, casos ou vistas, sejam extraídos por um ato especial que consiste precisamente na escrita. A escrita fragmentária em Whitman não se define pelo aforismo ou pela separação, mas por um tipo particular de frase que modula o intervalo. É como se a sintaxe que compõe a frase, e que dela faz uma totalidade capaz de desdizer-se, tendesse a desaparecer liberando uma frase *assintática* infinita que se estira ou lança travessões como intervalos espaço-temporais. Ora é uma frase casual enumerativa, enumeração de casos que tende para um catálogo (os feridos num hospital, as árvores num lugar), ora é uma frase processional, como um protocolo das fases ou dos momentos (uma batalha, os comboieiros de gado, os sucessivos enxames de zangões). É uma frase quase louca, com suas mudanças de direção, suas bifurcações, rupturas e saltos, seus estiramentos, germinações, parênteses. Melville nota que os americanos não têm a obrigação de escrever como os ingleses.[9] É

[8] *Specimen days*, "Une bataille nocturne". E "a verdadeira guerra jamais entrará nos livros".

[9] Melville, *D'où viens-tu, Hawthorne?*, Paris, Gallimard, 1986, pp. 239--40. Do mesmo modo Whitman invoca a necessidade de uma literatura americana "sem traço ou matiz da Europa, de seu solo, de suas recordações, de suas técnicas e de seu espírito": *Specimen days*, "Les Prairies et les grandes plaines de la poésie".

preciso que eles desfaçam a língua inglesa e a façam escorrer segundo uma linha de fuga: tornar a língua convulsiva.

A lei do fragmento vale tanto para a Natureza como para a História, tanto para a Terra como para a Guerra, tanto para o bem como para o mal. Entre a Guerra e a Natureza, certamente há uma causa *[78]* comum: a Natureza avança em procissão, por seções, como os corpos do exército.[10] "Procissão" de corvos, de zangões. Mas se é verdade que o fragmento é dado em toda parte, do modo mais espontâneo, vimos como um todo ou um análogo de todo continuam tendo de ser conquistados e mesmo inventados. Todavia, acontece de Whitman colocar na *frente* a ideia de Todo, invocando um cosmos que nos convida à fusão; numa meditação particularmente "convulsiva", ele se diz hegeliano, afirma que só a América "realiza" Hegel e põe os direitos primeiros de uma totalidade orgânica.[11] Exprime-se então como um europeu, que encontra no panteísmo uma razão para inflar o seu eu. Mas quando Whitman fala à sua maneira e no seu estilo fica claro que uma espécie de todo deve ser construída, tanto mais paradoxal quanto só surge *depois* dos fragmentos e os deixa intactos, não se propõe totalizá-los.[12]

Essa ideia complexa depende de um princípio caro à filosofia inglesa, ao qual os americanos darão um novo sentido e novos desenvolvimentos: *as relações são exteriores a seus termos*... Por conseguinte, as relações serão postas como devendo ser instauradas, inventadas. Se as partes são fragmentos que não podem ser totalizados, pode-se ao menos inventar entre elas relações não preexistentes, dando testemunho de um progresso na História tanto quanto de uma evolução na Natureza. O poema de Whitman oferece

[10] *Specimen days*, "Les Bourdons".

[11] *Specimen days*, "Carlyle du point de vue américain".

[12] D. H. Lawrence (*Études sur la littérature classique américaine*, Paris, Seuil, 1948) critica Whitman violentamente por seu panteísmo e sua concepção de um Eu-Todo; mas o saúda como o maior poeta americano porque, mais profundamente, Whitman canta as "simpatias", isto é, as relações que se constroem no exterior, "na Grande-Via" (pp. 211-2).

tantos sentidos quantas são as relações que ele entretém com interlocutores diversos, as massas, o leitor, os Estados, o Oceano...[13] O objeto da literatura americana é pôr em relação os aspectos mais diversos da geografia dos Estados Unidos, Mississippi, Rochosas e Prados e suas história, lutas, amor, evolução.[14] Relações em número cada vez maior e de qualidade cada vez mais fina, é como o motor da Natureza e da História. Com a guerra é o contrário: seus atos de destruição incidem sobre toda relação, e têm por *[79]* consequência o Hospital, o hospital generalizado, isto é, o lugar em que o irmão ignora o irmão e onde partes agonizantes, fragmentos de homens mutilados, coexistem absolutamente solitários e sem relação.[15]

Contrastes e complementaridades, não dados, porém sempre novos, constituem a relação entre as cores; e Whitman, sem dúvida, fez uma das literaturas mais coloristas que possam existir. Contrapontos e responsos, constantemente renovados, inventados, constituem a relação dos sons ou o canto dos pássaros, que Whitman descreve maravilhosamente. A Natureza não é forma, mas processos de correlação: ela inventa uma polifonia, ela não é totalidade, mas reunião, "conclave", "assembleia plenária". A Natureza é inseparável de todos os processos de comensalidade, convivialidade, que não são dados preexistentes, porém se elaboram entre viventes heterogêneos de modo a criar um tecido de relações moventes que fazem com que a melodia de uma parte intervenha como motivo na melodia de uma outra (a abelha e a flor). As relações não são interiores a um Todo, é antes o todo que decorre das relações exteriores em tal momento e que com elas varia. Por toda parte as relações de contraponto devem ser inventadas e condicionam a evolução.

O mesmo ocorre nas relações do homem com a Natureza. Whitman instaura uma relação ginástica com os carvalhos de ten-

[13] Cf. Paul Jamati, *Walt Whitman*, Paris, Seghers, 1950, p. 77: o poema como polifonia.

[14] *Specimen days*, "Littérature de la valée du Mississippi".

[15] *Specimen days*, "La véritable guerre...".

ra idade, um corpo a corpo: não se funde neles nem se confunde com eles, mas faz com que algo passe entre eles, entre o corpo humano e a árvore, nos dois sentidos, o corpo recebendo "um pouco de seiva clara e de fibra elástica", mas a árvore por sua vez recebendo um pouco de consciência ("talvez façamos uma troca").[16] O mesmo ocorre enfim nas relações do homem com o homem. Aí também o homem deve inventar sua relação com o outro: "Camaradagem" é a grande palavra de Whitman para designar a mais elevada relação humana, não em virtude do conjunto de uma situação, mas em função dos traços particulares, das circunstâncias emocionais e da "interioridade" dos fragmentos envolvidos (por exemplo, no hospital, instaurar com cada agonizante isolado uma relação de camaradagem...).[17] *[80]* Assim se tece uma coleção de relações variáveis que não se confundem com um todo, mas produzem o único todo que o homem é capaz de conquistar em tal ou qual situação. A Camaradagem é essa variabilidade, que implica um encontro com o Fora, uma caminhada das almas ao ar livre, na "grande-estrada". É com a América que a relação de camaradagem ganha supostamente o máximo de extensão e densidade, alcança amores viris e populares, adquirindo ao mesmo tempo um caráter político e nacional: não um totalismo ou um totalitarismo, mas um "Unionismo", como diz Whitman.[18] A própria Democracia e mesmo a Arte só formam um todo na sua relação com a Natureza (o espaço aberto, a luz, as cores, os sons, a noite...), sem o que a arte cai no mórbido e a democracia no embuste.[19]

A sociedade dos camaradas é o sonho revolucionário americano, para o qual Whitman contribuiu poderosamente. Sonho malogrado e traído bem antes que o da sociedade soviética. Mas é também a realidade da literatura americana, sob esses dois aspectos: a espontaneidade ou o sentimento inato do fragmentário; a

[16] *Specimen days*, "Les Chênes et moi".

[17] *Specimen days*, "La véritable guerre...". Sobre a camaradagem, cf. *Feuilles d'herbe*, "Calamus".

[18] *Specimen days*, "Mort du président Lincoln".

[19] *Specimen days*, "Nature et démocratie".

reflexão das relações vivas sucessivamente adquiridas e criadas. Os fragmentos espontâneos constituem o elemento através do qual ou em cujos intervalos se tem acesso às grandes visões e audições refletidas da Natureza e da História.

9.
O QUE AS CRIANÇAS DIZEM
[81]

A criança não para de dizer o que faz ou tenta fazer: explorar os meios, por trajetos dinâmicos, e traçar o mapa correspondente. Os mapas dos trajetos são essenciais à atividade psíquica. O que o pequeno Hans reivindica é sair do apartamento familiar para passar a noite na vizinha e regressar na manhã seguinte: o imóvel como meio. Ou então: sair do imóvel para ir ao restaurante encontrar a menininha rica, passando pelo entreposto de cavalos — a rua como meio. Até Freud considera necessário introduzir um mapa.[1]

Freud, no entanto, conforme seu hábito, reconduz tudo ao pai-mãe: estranhamente, a exigência de explorar o imóvel parece-lhe um desejo de dormir com a mãe. É como se os pais tivessem lugares ou funções primeiras, independentes dos meios. Mas um meio é feito de qualidades, substâncias, potências e acontecimentos: por exemplo a rua e suas matérias, como os paralelepípedos, seus barulhos, como o grito dos mercadores, seus animais, como os cavalos atrelados, seus dramas (um cavalo escorrega, um cavalo cai, um cavalo apanha...). O trajeto se confunde não só com a subjetividade dos que percorrem um meio mas com a subjetividade do próprio meio, uma vez que este se reflete naqueles que o percorrem. O mapa exprime a identidade entre o percurso e o percorrido. Confunde-se com seu objeto quando o próprio objeto é movimento. Nada é mais instrutivo que os caminhos de crianças autistas, cujos mapas Deligny revela e superpõe, com suas linhas costumeiras, linhas erráticas, anéis, arrependimentos e recuos, todas as

[1] Freud, *Cinq psychanalyses*, Paris, PUF.

suas singularidades.[2] *[82]* Ora, os próprios pais são um meio que a criança percorre, com suas qualidades e potências, e cujo mapa ela traça. Eles só tomam a forma pessoal e parental como representantes de um meio num outro meio. Mas é errôneo fazer como se a criança primeiro estivesse limitada a seus pais e só chegasse aos meios *depois*, e por extensão, por derivação. O pai e a mãe não são as coordenadas de tudo o que o inconsciente investe. Não existe momento algum em que a criança já não esteja mergulhada num meio atual que ela percorre, em que os pais como pessoas só desempenhem a função de abridores ou fechadores de portas, guardas de limiares, conectores ou desconectores de zonas. Os pais estão sempre em posição num mundo que não deriva deles. Mesmo no caso do bebê, os pais se definem em relação a um continente-cama como agentes nos percursos da criança. Os espaços *hodológicos* de Lewin, com seus percursos, desvios, barreiras, agentes, formam uma cartografia dinâmica.[3]

O pequeno Richard é estudado por Melanie Klein durante a guerra. Ele vive e pensa o mundo em forma de mapas. Ele os colore, os inverte, os superpõe, os povoa com seus chefes, a Inglaterra e Churchill, a Alemanha e Hitler. O próprio da libido é impregnar a história e a geografia, organizar formações de mundos e constelações de universos, derivar os continentes, povoá-los com raças, tribos e nações. Qual ser amado não envolve paisagens, continentes e populações mais ou menos conhecidos, mais ou menos imaginários? Mas Melanie Klein, que no entanto fez de tudo para determinar os meios do inconsciente, tanto do ponto de vista das substâncias ou das qualidades quanto dos acontecimentos, parece ignorar a atividade cartográfica do pequeno Richard. Só vê ali um *depois*, simples extensão de personagens parentais, o bom pai, a mãe má... Mais até que os adultos, as crianças resistem à pressão e à intoxicação psicanalíticas; Hans ou Richard o tomam com todo

[2] Fernand Deligny, "Voix et voir", *Cahiers de l'immuable*, I, Fontenay--sous-Bois, Recherches, 1975.

[3] Pierre Kaufmann, *Kurt Lewin*, Paris, Vrin, 1968, pp. 170-3: a noção de caminho.

o humor de que são capazes. Porém não conseguem resistir por muito tempo. Têm de guardar seus mapas, sob os quais só restaram fotos *[83]* amareladas do pai-mãe. "Sra K. interpretou, *interpretou*, INTERPRETOU..."[4]

A libido não tem metamorfoses, mas trajetórias histórico--mundiais. Desse ponto de vista, não parece que o real e o imaginário formem uma distinção pertinente. Uma viagem real carece em si mesma da força para refletir-se na imaginação; e a viagem imaginária não tem em si mesma a força, como diz Proust, de se verificar no real. Por isso o imaginário e o real devem ser antes como que duas partes, que se pode justapor ou superpor, de uma mesma trajetória, duas faces que não param de intercambiar-se, espelho móvel. Assim, os aborígines da Austrália unem itinerários nômades e viagens em sonho, que juntos compõem "um entremeado de percursos", "num imenso recorte do espaço e do tempo que é preciso ler como um mapa".[5] No limite, o imaginário é uma imagem virtual que se cola ao objeto real, e inversamente, para constituir um cristal de inconsciente. Não basta que o objeto real, que a paisagem real evoque imagens semelhantes ou vizinhas; é preciso que ele desprenda *sua própria* imagem virtual, ao mesmo tempo que esta, como paisagem imaginária, se introduza no real segundo um circuito em que cada um dos dois termos persegue o outro, intercambie-se com o outro. A "visão" é feita dessa duplicação ou desdobramento, dessa coalescência. É nos cristais do inconsciente que se veem as trajetórias da libido.

Uma concepção cartográfica é muito distinta da concepção arqueológica da psicanálise. Esta última vincula profundamente o inconsciente à memória; é uma concepção memorial, comemorativa ou monumental, que incide sobre pessoas e objetos, sendo os meios apenas terrenos capazes de conservá-los, identificá-los, autentificá-los. Desse ponto de vista, a superposição das camadas é necessariamente atravessada por uma flecha que vai de cima para

[4] Melanie Klein, *Psychanalyse d'un enfant*, Paris, Tchou, 1973.

[5] Cf. Barbara Glowczewski, *Du rêve à la loi chez les Aborigènes*, Paris, PUF, 1991, cap. I.

baixo, e trata-se sempre de afundar-se. Os mapas, ao contrário, se superpõem de tal maneira que cada um encontra no seguinte um remanejamento, em vez de encontrar nos precedentes uma origem: de um mapa a outro, não se trata da busca de uma origem, mas *[84]* de uma avaliação dos *deslocamentos*. Cada mapa é uma redistribuição de impasses e aberturas, de limiares e clausuras, que necessariamente vai de baixo para cima. Não é só uma inversão de sentido, mas uma diferença de natureza: o inconsciente já não lida com pessoas e objetos, mas com trajetos e devires; já não é um inconsciente de comemoração, porém de mobilização, cujos objetos, mais do que permanecerem afundados na terra, *levantam voo*. Félix Guattari definiu bem, a esse respeito, uma esquizoanálise que se opõe à psicanálise. "Os lapsos, os atos falhos, os sintomas são como pássaros que batem com o bico na janela. Não se trata de interpretá-los. Trata-se antes de detectar sua trajetória para ver se podem servir de indicadores de novos universos de referência suscetíveis de adquirirem uma consistência suficiente para revirar uma situação."[6] A tumba do faraó, com sua câmara central inerte situada na parte inferior da pirâmide, cede lugar a modelos mais dinâmicos: da deriva dos continentes à migração dos povos, tudo aquilo através do que o inconsciente cartografa o universo. *O modelo indiano substitui o egípcio*: a passagem dos indianos pela espessura dos próprios rochedos, onde a forma estética não se confunde com a comemoração de uma partida ou de uma chegada, mas com a criação de caminhos sem memória, já que toda a memória do mundo permanece no material.[7]

Os mapas não devem ser compreendidos só em extensão, em relação a um espaço constituído por trajetos. Existem também mapas de intensidade, de densidade, que dizem respeito ao que preen-

[6] Félix Guattari, *Les Années d'hiver*, Paris, Barrault, 1986. E *Cartographies schizoanalytiques*, Paris, Galilée, 1989.

[7] Elie Faure, *L'Art médieval*, Paris, Livre de Poche, p. 38. "Ali, à beira-mar, no limiar de uma montanha, eles encontravam uma muralha de granito. Então, entravam todos no granito [...] Atrás deles, deixavam a rocha vazada, as galerias cavadas em todos os sentidos, paredes esculpidas, cinzeladas, pilares naturais ou factícios [...]".

che o espaço, ao que subtende o trajeto. O pequeno Hans define um cavalo traçando uma lista de afectos, ativos e passivos: possuir um grande faz-pipi, arrastar cargas pesadas, ter viseiras, morder, cair, ser chicoteado, fazer charivari com suas patas. É essa distribuição de afectos (onde o faz-pipi desempenha uma função de transformador, de conversor) que constitui um mapa de intensidade. É sempre uma constelação afetiva. Também aí *[85]* seria abusivo ver, como Freud, uma simples derivação do pai-mãe: como se a "visão" de rua, frequente na época — um cavalo cai, é chicoteado, debate-se — não fosse capaz de afetar diretamente a libido e devesse evocar uma cena de amor entre os pais... A identificação do cavalo com o pai beira o grotesco e implica um desconhecimento de todas as relações do inconsciente com as forças animais. E assim como o mapa dos movimentos e trajetos já não era uma derivação ou uma extensão do pai-mãe, o mapa das forças ou intensidades tampouco é uma derivação do corpo, uma extensão de uma imagem prévia, um suplemento ou um depois. Polack e Sivadon fazem uma análise profunda da atividade cartográfica do inconsciente; sua única ambiguidade consistiria talvez em considerá-la um prolongamento da imagem do corpo.[8] Pelo contrário, é o mapa de intensidade que distribui os afectos, cuja ligação e valência constituem a cada vez a imagem do corpo, imagem sempre remanejável ou transformável em função das constelações afetivas que a determinam.

Uma lista de afectos ou constelação, um mapa intensivo, é um devir: o pequeno Hans não forma com o cavalo uma representação inconsciente do pai, mas é arrastado num devir-cavalo ao qual os pais se opõem. Do mesmo modo o pequeno Arpad e todo um devir-galo: a cada vez, a psicanálise perde a relação do inconsciente com as forças.[9] A imagem não é só trajeto, mas devir. O devir é o

[8] Jean-Claude Polack e Danielle Sivadon, *L'Intime utopie*, Paris, PUF, 1991 (os autores opõem o método "geográfico" a um método "geológico" como o de Gisella Pankow, p. 28).

[9] Cf. Sandor Férenczi, *Psychanalyse* 2, II, Paris, Payot, 1970, "Un petit homme-coq", pp. 72-9.

que subtende o trajeto, como as forças intensivas subtendem as forças motrizes. O devir-cavalo de Hans remete a um trajeto, da casa ao entreposto. A passagem ao longo do entreposto, ou então a visita ao galinheiro, são trajetos costumeiros, mas não são passeios inocentes. Vemos claramente por que o real e o imaginário tinham de ser superados, ou mesmo intercambiar-se: um devir não é imaginário, assim como uma viagem não é real. É o devir que faz, do mínimo trajeto ou mesmo de uma imobilidade no mesmo lugar, uma viagem; e é o trajeto que faz do imaginário um devir. Os dois mapas, dos trajetos e dos afectos, remetem um ao outro. *[86]*

O que diz respeito à libido, o que a libido investe se apresenta como um artigo indefinido, ou melhor, é apresentado pelo artigo indefinido: *um* animal, como qualificação de um devir ou especificação de um trajeto (*um* cavalo, *uma* galinha...); um corpo ou um órgão, como poder de afetar e de ser afetado (um ventre, olhos...); e mesmo personagens que impedem um trajeto e inibem afectos, ou ao contrário os favorecem (*um* pai, *algumas* pessoas...). As crianças se exprimem assim, um pai, um corpo, um cavalo. Esses indefinidos frequentemente parecem resultar de uma falta de determinação devida às defesas da consciência. Para a psicanálise, trata-se sempre de meu pai, de mim, de meu corpo. É um furor possessivo e pessoal, e a interpretação consiste em reencontrar pessoas e posses. "Bate-se numa criança" deve significar "meu pai bate em mim", mesmo se essa transformação permanece abstrata; e "um cavalo cai e mexe as patas" significa que meu pai faz amor com minha mãe. Contudo, o indefinido não carece de nada, sobretudo de determinação. Ele é a determinação do devir, sua potência própria, a potência de um impessoal que não é uma generalidade, mas uma singularidade no mais alto grau: por exemplo, ninguém imita *o* cavalo, assim como não se imita *tal* cavalo, mas tornamo-nos *um* cavalo, atingindo uma zona de vizinhança em que já não podemos distinguir-nos daquilo que nos tornamos.

A arte também atinge esse estado celestial que já nada guarda de pessoal nem de racional. À sua maneira, a arte diz o que dizem as crianças. Ela é feita de trajetos e devires, por isso faz mapas, extensivos e intensivos. Há sempre uma trajetória na obra de arte, e Stevenson mostra a importância decisiva de um mapa colorido na concepção de *A ilha do tesouro*.[10] Não quer isso dizer que um meio determine necessariamente a existência dos personagens, mas antes que estes se definem pelos trajetos que fazem na realidade ou em espírito, sem os quais não há devir. Em pintura, um mapa colorido pode estar presente, dado que o quadro é mais uma reunião sobre uma superfície que uma janela para o mundo, à italiana.[11] Em Vermeer, por exemplo, os devires mais íntimos, os mais imóveis (a moça seduzida por um soldado, a *[87]* mulher que recebe uma carta, o pintor em via de pintar...) remetem, contudo, a vastos percursos que um mapa atesta. Estudei o mapa, dizia Fromentin, "não como geógrafo, mas como pintor".[12] E como os trajetos não são reais, assim como os devires não são imaginários, na sua reunião existe algo de único que só pertence à arte. A arte se define então como um processo impessoal onde a obra se compõe um pouco como um *cairn*, esse montículo de pedras trazidas por diferentes viajantes e por pessoas em devir (mais do que de regresso), pedras que dependem ou não de um mesmo autor.

Só uma tal concepção pode arrancar a arte ao processo pessoal da memória e ao ideal coletivo da comemoração. À arte-arqueologia, que se afunda nos milênios para atingir o imemorial, opõe-se uma arte-cartografia, que repousa sobre "as coisas do esquecimento e os lugares de passagem". Como a escultura, quando deixa de ser monumental para tornar-se hodológica: não basta dizer que ela é paisagem e que ordena um lugar, um território. Ela ordena caminhos, ela mesma é uma viagem. Uma escultura segue os caminhos que lhe dão um *fora*, só opera com curvas não fechadas que dividem e atravessam o corpo orgânico, só tem a memória do material (daí seu procedimento de talhe direto e sua utilização frequente da madeira). Carmen Perrin limpa blocos erráticos do verdor que os integra à submata, devolve-os à memória da geleira que

[10] Robert Louis Stevenson, *L'Île au trésor*, *Œuvres*, Paris, Bouquins-Laffont, 1984, pp. 1.079-85.

[11] Svetlana Alpers, "L'appel de la cartographie dans l'art hollandais", in *L'Art de dépeindre*, Paris, Gallimard, 1990, p. 212.

[12] Eugène Fromentin, *Un été dans le Sahara*, *Œuvres*, Paris, Pléiade-Gallimard, 1984, p. 18.

os trouxe até aqui, não para assinalar-lhes a origem, mas para fazer de seu *deslocamento* algo visível.[13] Pode-se objetar que um circuito turístico, como arte dos caminhos, não é mais satisfatório do que o museu tomado como arte monumental e comemorativa. Mas algo distingue essencialmente a arte-cartografia de um circuito turístico: é que, embora caiba à nova escultura tomar posição em trajetos exteriores, essa posição depende primeiro de caminhos interiores à própria obra; o *[88]* caminho exterior é uma criação que não preexiste à obra e depende de suas relações internas. Dá-se volta à escultura, e os eixos de visão que lhe pertencem permitem apreender o corpo ora em todo o seu comprimento, ora num surpreendente encurtamento, ora segundo duas ou mais direções que se afastam: a posição no espaço circundante depende estreitamente desses trajetos interiores. É como se alguns caminhos virtuais se colassem ao caminho real, que assim recebe deles novos traçados, novas trajetórias. Um mapa de virtualidades, traçado pela arte, se superpõe ao mapa real cujos percursos ela transforma. Não é só a escultura, mas toda obra de arte, como a obra musical, que implica esses caminhos ou andamentos interiores: a escolha de tal ou qual caminho pode determinar a cada vez uma posição variável da obra no espaço. Toda obra comporta uma pluralidade de trajetos que são legíveis e coexistentes apenas num mapa, e ela muda de sentido segundo aqueles que são retidos.[14] Esses trajetos interiorizados são inseparáveis de devires. *Trajetos e devires*, a arte os torna presentes uns nos outros; ela torna sensível sua presença mútua e se define assim, invocando Dioniso como o deus dos lugares de passagem e das coisas de esquecimento.

[13] Sobre uma arte dos caminhos, que se opõe ao monumental e ao comemorativo, *Voie suisse: l'itinéraire genevois* (análises de Carmen Perrin, Fribourg, 1991). Cf. também *Bertholin* (Centre d'Art Contemporain de Vassivière, 1992), com o texto de Patrick Le Nouëne, "Choses d'oubli et lieux de passage". O centro de Vassivière, ou o de Crestet, são lugares dessa nova escultura, cujos princípios remetem às grandes concepções de Henry Moore.

[14] Cf. em Boulez a multiplicidade dos percursos, e a comparação com "o mapa de uma cidade" em obras como a "Troisième sonate", "Éclat" ou "Domaines": *Par volonté et par hasard*, Paris, Seuil, 1975, cap. XII ("a trajetória devia ser múltipla [...]").

10.
BARTLEBY, OU A FÓRMULA
[89]

Bartleby não é uma metáfora do escritor, nem o símbolo de coisa alguma. É um texto violentamente cômico, e o cômico sempre é literal. É como uma novela de Kleist, de Dostoiévski, de Kafka ou Beckett, com os quais forma uma linhagem subterrânea e prestigiosa. Só quer dizer aquilo que diz, literalmente. E o que ele diz e repete é PREFERIRIA NÃO, *I would prefer not to.*[1] É a fórmula de sua glória, e cada leitor apaixonado a repete por seu turno. Um homem magro e lívido pronunciou a fórmula que enlouquece todo o mundo. Mas em que consiste a literalidade da fórmula?

Nota-se inicialmente um certo maneirismo, certa solenidade: *prefer* raramente é empregado nesse sentido, e nem o patrão de Bartleby, o advogado, nem os escreventes o utilizam habitualmente ("uma palavra esquisita, quanto a mim jamais a emprego..."). A fórmula comum seria antes *I had rather not.* Mas sobretudo a extravagância da fórmula extrapola a palavra em si: sem dúvida, ela é gramaticalmente correta, sintaticamente correta, mas seu término abrupto, NOT TO, que deixa indeterminado o que ela rechaça, lhe confere um caráter radical, uma espécie de função-limite. Sua reiteração e insistência a tornam, toda ela, tanto mais insólita. Murmurada numa voz suave, paciente, átona, ela atinge o irremissível, formando um bloco inarticulado, um sopro único. A esse respeito tem a mesma força, o mesmo papel que uma fórmula *agramatical.*

Os linguistas analisaram com todo o rigor o que se chama de "agramaticalidade". Encontram-se numerosos exemplos, *[90]* mui-

[1] A fórmula foi traduzida para o francês de várias formas, todas elas com suas razões: cf. as observações de Michèle Causse na edição Flammarion (Paris, 1989, p. 20). Nós seguimos a sugestão de Maurice Blanchot em *L'Écriture du désastre* (Paris, Gallimard, 1980, p. 3): "Je préférerais ne pas".

to intensos, na obra do poeta americano Cummings: assim *He danced his did*, como se disséssemos "dançou seu pôs" em vez de "pôs-se a dançar". Nicolas Ruwet explica que se pode supor uma série de variáveis gramaticais ordinárias, cuja forma agramatical seria como que o limite: *he danced his did* seria um limite das expressões normais *he did his dance*, *he danced his dance*, *he danced what he did*...[2] Já não seria uma palavra-valise, como se encontra em Lewis Carroll, mas uma "construção-valise", uma construção-sopro, um limite ou um tensor. Talvez ganhássemos mais tomando um exemplo em nossa língua, numa situação prática: alguém que tem na mão um certo número de pregos, a fim de pendurar algo na parede, exclama: TENHO UM DE NÃO SUFICIENTE. É uma fórmula agramatical que vale como o limite de uma série de expressões corretas: "Tenho um a mais, Não tenho suficiente. Falta-me um...". A fórmula de Bartleby não seria desse tipo; ao mesmo tempo estereotipia do próprio Bartleby e expressão altamente poética de Melville, limite de uma série tal como "preferiria isto, preferiria não fazer aquilo, não é o que eu preferiria..."? Apesar de sua construção normal, ela soa como uma anomalia.

PREFERIRIA NÃO. A fórmula tem variantes. Às vezes ela abandona o futuro do pretérito e se torna mais seca: PREFIRO NÃO, *I prefer not to*. Outras vezes, nas últimas ocasiões em que surge, parece perder seu mistério ao reencontrar tal ou qual infinitivo que a completa e que se engancha a *to*: "prefiro calar-me", "preferiria não ser um pouco razoável", "preferiria não aceitar uma função de escriturário", "preferiria fazer outra coisa"... Mas mesmo nesses casos sente-se a surda presença da forma insólita que continua a obsedar a linguagem de Bartleby. Ele mesmo acrescenta: "mas não sou um caso particular", "não tenho nada de particular", *I am not particular*, para indicar que qualquer outra coisa que lhe pudessem propor seria ainda uma particularidade, sucumbindo por sua vez sob o golpe da grande fórmula indeterminada, PREFIRO NÃO, que subsiste de uma vez por todas e em todas as vezes. *[91]*

[2] Nicolas Ruwet, "Parallélismes et déviations en poésie", in *Langue, discours, société*, Paris, Seuil, 1972, pp. 334-4 (sobre as "construções-valises").

A fórmula tem dez ocorrências principais, e em cada uma pode aparecer diversas vezes, repetida ou variada. Bartleby é copista no escritório do advogado: ele não para de copiar, "de maneira silenciosa, lívida, mecânica". A primeira ocorrência se dá quando o advogado lhe diz para cotejar, reler a cópia dos dois escreventes: PREFERIRIA NÃO. A segunda, quando o advogado lhe diz para vir reler suas próprias cópias. A terceira, quando o advogado o convida a reler com ele pessoalmente, frente a frente. A quarta, quando o advogado quer mandá-lo fazer um serviço externo. A quinta, quando lhe pede para ir ao aposento vizinho. A sexta, quando o advogado quer entrar no escritório num domingo de manhã e se dá conta de que Bartleby dorme ali. A sétima, quando o advogado se limita a fazer perguntas. A oitava, quando Bartleby parou de copiar, renunciou a copiar qualquer coisa e o advogado o despede. A nona, quando o advogado faz uma segunda tentativa de despedi-lo. A décima, quando Bartleby foi expulso do escritório, está sentado sobre o corrimão do patamar e o advogado, enlouquecido, lhe propõe outras ocupações inesperadas (fazer a contabilidade de uma mercearia, ser *barman*, cobrar faturas, ser acompanhante de um jovem de boa família...). A fórmula germina e prolifera. A cada ocorrência, é o estupor em torno de Bartleby, como se se tivesse ouvido o Indizível ou o Irrebatível. E é o silêncio de Bartleby, como se tivesse dito tudo e de chofre esgotado a linguagem. A cada ocorrência tem-se a impressão de que a loucura aumenta: não "particularmente" a de Bartleby, mas em torno dele, e em especial a do advogado, que se lança em estranhas propostas e em condutas ainda mais estranhas.

Não há dúvida, a fórmula é arrasadora, devastadora, e nada deixa subsistir atrás de si. Nota-se em primeiro lugar seu caráter contagioso: Bartleby "torce a língua" dos outros. Os termos insólitos, *I would prefer*, se insinuam na linguagem dos escreventes e do próprio advogado ("Você pegou a palavra, você também!"). Mas essa contaminação não é o essencial, o essencial é o efeito sobre Bartleby: desde que disse PREFIRO NÃO (cotejar), ele tampouco *pode* continuar copiando. Contudo, jamais dirá que prefere não (copiar): simplesmente ele superou esse estágio (*give up*). Sem dúvida não o percebe de imediato, já que continua copiando *[92]* até depois da sexta ocorrência. Mas quando o percebe é como uma evidência, como o resultado diferido que já estava compreendido no primeiro enunciado da fórmula: "Não vê a razão por si mesmo?", diz ele ao advogado. A fórmula-bloco tem por efeito não só recusar o que Bartleby prefere não fazer mas também tornar impossível o que ele fazia, o que supostamente ainda preferia fazer.

Observou-se que a fórmula *I prefer not to* não era uma afirmação nem uma negação. Bartleby "não recusa, mas tampouco aceita, ele avança e retrocede nesse avanço, se expõe um pouco num leve recuo da fala".[3] O advogado ficaria aliviado se Bartleby não quisesse, mas Bartleby não recusa, ele recusa apenas um não-preferido (a releitura, sair...). E Bartleby tampouco aceita, ele não afirma um preferível que consistiria em continuar copiando, limita-se a colocar sua impossibilidade. Em suma, a fórmula, que recusa sucessivamente qualquer outro ato, já engoliu o ato de copiar que ela sequer precisa recusar. A fórmula é arrasadora porque elimina de forma igualmente impiedosa o preferível assim como qualquer não-preferido. Abole o termo sobre o qual incide e que ela recusa, mas também o outro termo que parecia preservar e que se torna impossível. De fato, ela os torna indistintos: cava uma zona de indiscernibilidade, de indeterminação, que não para de crescer entre algumas atividades não-preferidas e uma atividade preferível. Qualquer particularidade, qualquer referência é abolida. A fórmula aniquila "copiar", a única referência em relação à qual algo poderia ser ou não ser preferido. *Eu preferiria nada a algo*: não uma vontade de nada, mas o crescimento de um nada de vontade. Bartleby ganhou o direito de sobreviver, isto é, de permanecer imóvel e de pé diante de uma parede cega. Pura passividade paciente, como diria Blanchot. Ser enquanto ser, e nada mais. Pressionam-no a dizer sim ou não. Mas se ele dissesse não (cotejar, sair...), se ele dissesse sim (copiar), seria rapidamente vencido, considerado inútil, não sobreviveria. Só pode sobreviver volteando num suspense que mantém todo mundo à distância. Seu meio de sobrevivência consiste em preferir *não* cotejar, *[93]* mas por isso mesmo *não* pre-

[3] Philippe Jaworski, *Melville, le désert et l'empire*, Paris, Presses de l'École Normale, 1986, p. 19.

ferir copiar. Precisava recusar um para tornar o outro impossível. A fórmula é em dois tempos, e não para de se recarregar a si mesma, repassando pelos mesmos estados. Por isso o advogado tem a impressão vertiginosa, a cada vez, de que tudo recomeça do zero.

Dir-se-ia inicialmente que a fórmula é como a má tradução de uma língua estrangeira. Mas ouvindo-a melhor, seu esplendor desmente essa hipótese. Talvez seja ela que cava na língua uma espécie de língua estrangeira. A propósito das agramaticalidades de Cummings, propôs-se considerá-las como provenientes de um dialeto diferente do inglês *standard* e cujas regras criadoras seria possível extrair. O mesmo ocorre no caso de Bartleby; a regra estaria nessa lógica da preferência negativa: negativismo para além de toda negação. Mas, se é verdade que as obras-primas da literatura formam sempre uma espécie de língua estrangeira no interior da língua em que estão escritas, qual vento de loucura, qual sopro psicótico se introduz assim na linguagem? É próprio da psicose pôr em ação um *procedimento* que consiste em tratar a língua ordinária, a língua *standard*, de modo a fazê-la "restituir" uma língua original desconhecida que talvez fosse uma projeção da língua de Deus e que arrastaria consigo toda a linguagem. Procedimentos desse gênero aparecem na França com Roussel e Brisset, na América com Wolfson. Não é notadamente nisso que consiste a vocação esquizofrênica da literatura americana, fazer escorrer assim a língua inglesa, à força de derivas, de desvios, de subtração ou de adição sintáticas (por oposição à sintaxe *standard*)? Introduzir um pouco de psicose na neurose inglesa? Inventar uma nova universalidade? Conforme a necessidade, convocam-se as outras línguas no interior do inglês para melhor fazê-lo restituir um eco dessa língua divina de tempestade e de trovão. Melville inventa uma língua estrangeira que corre sob o inglês e que o arrasta: é o OUTLANDISH, ou o Desterritorializado, a língua da Baleia. Donde o interesse dos estudos relativos ao *Moby Dick* que se apoiam nos Números e nas Letras e no seu sentido críptico para destacar ao menos um esqueleto da língua originária inumana ou sobre-humana.[4] É como se três

[4] Cf. Viola Sachs, *La Contre-Bible de Melville*, Paris, Mouton, 1975.

operações se encadeassem: um certo tratamento da língua; o resultado desse *[94]* tratamento, que tende a constituir no interior da língua uma língua original; e o efeito, que consiste em arrastar toda a linguagem, em fazê-la fugir, em impeli-la para seu limite próprio a fim de lhe descobrir o Fora, silêncio ou música. Desse modo, um grande livro é sempre o avesso de um outro livro que só se escreve na alma, com silêncio e sangue. Não é apenas *Moby Dick*, é também *Pierre*, no qual Isabel afeta a língua com um murmúrio incompreensível, como um baixo contínuo que conduz toda a linguagem aos acordes e aos sons de seu violão. E *Billy Budd*, natureza angelical ou adâmica, sofre de uma gagueira que desnatura a língua, mas também traz à tona o Além musical e celestial da linguagem inteira. Como em Kafka, "um pio dolorido" embaralha a ressonância das palavras, enquanto a irmã já prepara o violino que responde a Gregor.

Bartleby também é uma natureza angelical, adâmica, mas seu caso parece diferente, pois não dispõe de um Procedimento geral, mesmo que seja a gagueira, para tratar a língua. Contenta-se com uma breve Fórmula, correta na aparência, quando muito um tique localizado que ocorre por vezes. No entanto, o resultado, o efeito é o mesmo: cavar na língua uma espécie de língua estrangeira e confrontar toda a linguagem com o silêncio, fazê-la cair no silêncio. *Bartleby* anuncia o longo silêncio no qual penetrará Melville, rompido apenas pela música dos poemas e de onde só sairá para *Billy Budd*.[5] O próprio Bartleby só tinha como saída calar-se e retirar-se para trás de seu biombo cada vez que pronunciava a fórmula, até seu silêncio final na prisão. Depois da fórmula não há mais nada a dizer: ela equivale a um procedimento, supera sua aparência de particularidade.

O próprio advogado faz a teoria das razões pelas quais a fórmula de Bartleby arrasa a linguagem. Toda linguagem, sugere ele, tem referências ou pressupostos (suposições, *assumptions*). Não é exatamente o que a linguagem designa, mas o que lhe permite designar. Uma palavra supõe sempre outras palavras que podem

[5] Sobre Bartleby e o silêncio de Melville, cf. Armand Farrachi, *La Part du silence*, Paris, Barrault, 1984, pp. 40-5.

substituí-la, completá-la ou formar com ela alternativas: sob essa condição a linguagem se distribui de modo a designar coisas, estados de coisas e ações, *[95]* segundo um conjunto de convenções objetivas, explícitas. Talvez haja também outras convenções, implícitas e subjetivas, um outro tipo de referências ou de pressupostos. Ao falar, não só indico coisas e ações mas já realizo atos que asseguram uma relação com o interlocutor segundo nossas situações respectivas: mando, interrogo, prometo, rogo, emito "atos de fala" (*speech act*). Os atos de fala são autorreferenciais (eu efetivamente mando ao dizer "ordeno-lhe..."), enquanto as proposições constatativas referem-se a outras coisas e a outras palavras. Ora, é esse duplo sistema de referências que Bartleby arrasa.

A fórmula I PREFER NOT TO exclui qualquer alternativa e engole o que pretende conservar assim como descarta qualquer outra coisa; implica que Bartleby para de copiar, isto é, de reproduzir palavras; cava uma zona de indeterminação que faz com que as palavras já não se distingam, produz o vazio na linguagem. Mas também desarticula os atos de fala segundo os quais um patrão pode comandar, um amigo benevolente fazer perguntas, um homem de fé prometer. Se Bartleby recusasse, poderia ainda ser reconhecido como um rebelde ou revoltado, e a esse título desempenharia um papel social. Mas a fórmula desarticula todo ato de fala, ao mesmo tempo que faz de Bartleby um puro excluído, ao qual já nenhuma situação social pode ser atribuída. É o que o advogado percebe com terror: todas as suas esperanças de trazer Bartleby de volta à razão desmoronam, porque repousam sobre uma *lógica dos pressupostos*, segundo a qual um patrão "espera" ser obedecido, ou um amigo benevolente, escutado, ao passo que Bartleby inventou uma nova lógica, uma *lógica da preferência* que é suficiente para minar os pressupostos da linguagem. Como observa Mathieu Lindon, a fórmula "desconecta" as palavras e as coisas, as palavras e as ações, mas também os atos e as palavras: ela corta a linguagem de qualquer referência, em conformidade com a vocação absoluta de Bartleby, *ser um homem sem referências*, aquele que surge e desaparece, sem referência a si mesmo nem a outra coisa.[6] Por isso,

[6] Mathieu Lindon, "Bartleby", *Delta*, nº 6, maio 1978, p. 22.

apesar de seu aspecto correto, a fórmula funciona como uma autêntica agramaticalidade. *[96]*

Bartleby é o Celibatário, de quem Kafka dizia: "Ele tem por chão só o que necessitam seus dois pés, e por ponto de apoio só o que podem cobrir suas duas mãos" — aquele que deita na neve no inverno para morrer de frio como uma criança, aquele que não tinha nada para fazer além de seus passeios, mas que podia fazê-los em qualquer lugar, sem se deslocar.[7] Bartleby é o homem sem referências, sem posses, sem propriedades, sem qualidades, sem particularidades: é liso demais para que nele se possa pendurar uma particularidade qualquer. Sem passado nem futuro, é instantâneo. I PREFER NOT TO é a fórmula química ou alquímica de Bartleby, mas pode-se ler ao avesso, I AM NOT PARTICULAR, não sou particular, como o complemento indispensável. Todo o século XIX será atravessado por essa busca do homem sem nome, regicida e parricida, Ulisses dos tempos modernos ("sou Ninguém"): o homem esmagado e mecanizado das grandes metrópoles, mas de onde se espera, talvez, que saia o Homem do futuro ou de um mundo novo. Num mesmo messianismo, ele ora é vislumbrado no Proletário, ora no Americano. O romance de Musil também seguirá essa busca e inventará a nova lógica da qual *O homem sem qualidades* é ao mesmo tempo o pensador e o produto.[8] E de Melville a Musil a derivação nos parece certa, embora não seja preciso buscá-la na direção de *Bartleby*, mas antes de *Pierre or the ambiguities*. O casal incestuoso Ulrich-Agathe é como uma retomada do casal Pierre-Isabel, e em ambos os casos a irmã silenciosa, desconhecida ou esquecida não é uma substituta da mãe, mas, ao contrário, a aboli-

[7] O grande texto de Kafka (*Journal*, Paris, Grasset, pp. 8-14) é como outra versão de *Bartleby*.

[8] Blanchot mostrou que o personagem de Musil não é apenas sem qualidades, mas "sem particularidades", já que não tem substância nem qualidades (*Le Livre à venir*, Paris, Folio-Gallimard, 1963, p. 203). Que esse tema do Homem sem particularidades, o Ulisses dos Tempos Modernos, surja cedo no século XIX atesta-o na França o livro estranhíssimo de Ballanche, amigo de Chateaubriand, *Essais de palingénesie sociale*, especialmente "La Ville des expiations" (1827).

ção da diferença sexual como particularidade em proveito de uma relação andrógina segundo a qual tanto Pierre quanto Ulrich são ou tornam-se mulher. No caso de Bartleby, será que a relação com o advogado é igualmente misteriosa e indica por sua vez a possibilidade de um devir, de um novo homem? Poderá Bartleby conquistar o lugar de seus passeios? *[97]*

Talvez Bartleby seja o louco, o demente, o psicótico ("uma desordem inata e incurável" da alma). Mas como sabê-lo, se não se levam em conta as anomalias do advogado, que se comporta o tempo todo de modo muito esquisito? O advogado acaba de ser promovido na sua profissão a um cargo importante. Recorde-se que o presidente Schreber também só libera seu próprio delírio na sequência de uma promoção, como se esta lhe desse a audácia de arriscar. Mas o que o advogado vai arriscar? Ele já tem dois copistas que, um pouco como os escriturários de Kafka, são duplos invertidos, um normal pela manhã e embriagado de tarde, o outro em estado de perpétua indigestão de manhã, mas quase normal à tarde. Tendo, pois, necessidade de um copista suplementar, ele contrata Bartleby, *sem nenhuma referência*, após uma curta conversa, porque seu aspecto lívido lhe parece dar testemunho de uma constância capaz de compensar a irregularidade dos outros dois. Mas desde o primeiro dia ele coloca Bartleby num estranho agenciamento (*arrangement*): este permanecerá no próprio gabinete do advogado, perto das portas do fundo que o separam do escritório dos escreventes, entre uma janela que dá para uma parede vizinha e um biombo verde como um prado, como se fosse importante que Bartleby pudesse ouvir, mas não ser visto. Se é uma inspiração do advogado ou um acordo depois da curta conversa, jamais o saberemos. O fato é que, tomado nesse agenciamento, Bartleby invisível faz um trabalho "mecânico" considerável. Ora, tão logo o advogado pretende fazê-lo abandonar seu biombo, Bartleby emite sua fórmula. E, nessa primeira ocorrência como nas seguintes, o advogado se encontra desarmado, desamparado, estupefato, fulminado, sem resposta nem parada. Bartleby deixa de copiar e se mantém no mesmo lugar, impávido. Sabe-se a que extremos o advogado precisa recorrer para se livrar de Bartleby: voltar para casa, depois decidir-se a mudar de local de trabalho, fugir por muitos dias, escondendo-se para escapar às queixas do novo locatário do escritório. Que estranha fuga, na qual o errante advogado mora em seu cabriolé... Desde o agenciamento inicial até essa fuga irreprimível, caínica, tudo é esquisito e o advogado se comporta como um louco. Em sua alma alternam-se os desejos de assassinato e as declarações de amor em relação a Bartleby. O que aconteceu? Será um caso de loucura a dois, aí também uma relação de duplo, uma relação *[98]* homossexual quase reconhecida ("sim, Bartleby... nunca me sinto tão eu mesmo como quando sei que você está aí... atinjo um desígnio predestinado de minha vida...")?

Pode-se supor que a contratação de Bartleby foi uma espécie de pacto, como se o advogado, depois de sua promoção, tivesse decidido converter esse personagem, sem referências objetivas, num *homem de confiança* que lhe deveria tudo. Quer fazer dele o *seu* homem. O pacto consiste no seguinte: Bartleby copiará, próximo de seu chefe, a quem ouvirá, mas não será visto, tal como um pássaro noturno que não suporta ser olhado. Então, não há dúvida, no momento em que o advogado pretende (sem sequer fazê-lo de propósito) tirar Bartleby de seu biombo para cotejar as cópias com os outros, quebra o pacto. Por isso Bartleby, ao mesmo tempo que "prefere não" cotejar, já não pode continuar copiando. Bartleby se exporá à vista, e mais até do que lhe pedem, plantado teso feito um pau no meio do escritório, porém não copiará mais. O advogado tem disso um sentimento obscuro, já que supõe que, se Bartleby para de copiar, é porque tem problemas na vista. E com efeito, exposto à vista, Bartleby por sua vez deixa de ver, e de olhar. Adquiriu o que de certa maneira lhe era inato, a enfermidade lendária, caolho e maneta, que faz dele um autóctone, alguém que nasce no lugar e permanece no lugar, enquanto o advogado desempenha necessariamente a função do traidor condenado a fugir. Uma obscura culpa flui sob os protestos do advogado cada vez que ele invoca a filantropia, a caridade, a amizade. De fato, o advogado quebrou o agenciamento que ele mesmo havia organizado; e eis que Bartleby extrai dos escombros um *traço de expressão*, PREFIRO NÃO, que vai proliferar sobre si, contaminar os outros, afugentar o advogado, mas também fazer fugir a linguagem, aumentar uma zona de indeterminação ou de indiscernibilidade tal que as palavras já não se distinguem umas das outras e os personagens tampouco, o advogado fugindo e Bartleby imóvel, petrificado. O advogado se põe a vagabundear enquanto Bartleby permanece tranquilo, mas é porque permanece tranquilo e não se desloca que Bartleby será tratado como um vagabundo.

Será que entre o advogado e Bartleby existe uma relação de identificação? Mas o que é uma tal relação, e em que sentido ela vai? No mais das vezes, uma identificação parece fazer com que *[99]* intervenham três elementos, que aliás podem alternar-se, permutar-se: uma forma, imagem ou representação, retrato, modelo; um sujeito ao menos virtual; e os esforços do sujeito para tomar forma, se apropriar da imagem, adaptar-se a ela e adaptá-la a si. Trata-se de uma operação complexa que passa por todas as aventuras da semelhança e que sempre corre o risco de cair na neurose ou de converter-se em narcisismo. É a "rivalidade mimética", dizem. Mobiliza uma função paterna em geral: a imagem é por excelência uma imagem do pai, e o sujeito é um filho, mesmo se as determinações se intercambiam. O romance de formação, poderíamos chamá-lo igualmente de romance de referência, oferece numerosos exemplos.

É bem verdade que muitos romances de Melville começam com imagens ou retratos e parecem contar a história de uma formação sob uma função paterna: é o caso de *Redburn*. *Pierre or the ambiguities* começa com a imagem do pai, estátua e quadro. Mesmo *Moby Dick* primeiro acumula as informações para dar uma forma à baleia e traçar-lhe a imagem, até o sombrio quadro no albergue. *Bartleby* não falta à regra, e os dois escriturários são como imagens de papel, simétricos inversos, e o advogado desempenha tão bem uma função de pai que o leitor tem dificuldade de acreditar que está em Nova York. Tudo começa como num romance inglês, em Londres e de Dickens. Mas a cada vez algo estranho se produz que turva a imagem, afeta-a de uma incerteza essencial, impede que a forma "pegue", mas também desfaz o sujeito, lança-o à deriva e elimina qualquer função paterna. Só então as coisas começam a ficar interessantes. A estátua do pai dá lugar ao seu retrato, muito mais ambíguo, depois a um outro retrato, que é o de qualquer um ou de ninguém. Perde-se as referências, e a formação do homem cede o passo a um novo elemento desconhecido, ao mistério de uma vida não humana informe, um *Squid*. Tudo começava à inglesa, mas continua-se à americana, segundo uma linha de fuga irresistível. Ahab pode dizer com todo o direito que ele foge de toda parte. A função paterna se perde em favor de forças ambíguas mais obscuras. O sujeito perde sua textura em favor de um *patchwork*, de uma colcha de retalhos que prolifera ao infinito: o *patchwork* americano torna-se a lei da obra melvilliana, desprovida de centro, de avesso e de direito. É como se traços de expressão *[100]* escapassem da forma, semelhantes às linhas abstratas de uma escrita desconhecida, semelhantes às rugas que se contraem desde a fronte de Ahab até a da Baleia, semelhantes às correias móveis tomadas por "horríveis contorções" que passam através dos cabos fixos e sempre ameaçam arrastar um marinheiro ao mar, um sujeito à morte.[9] Em *Pierre or the ambiguities*, o sorriso inquietante do rapaz desconhecido, no quadro que se parece tanto com o do pai, funciona como um traço de expressão que se emancipa e é suficiente para desfazer qualquer semelhança, assim como a fazer vacilar o sujeito. I PREFER NOT TO é também um traço de expressão que contamina tudo, fugindo à forma linguística, destituindo o pai de sua palavra exemplar, tanto quanto o filho de sua possibilidade de reproduzir ou de copiar.

É ainda um processo de identificação, mas tornou-se psicótico, em vez de seguir as aventuras da neurose. Um pouco de esquizofrenia escapa da neurose do velho mundo. Podemos reagrupar três características distintivas. Em primeiro lugar, o *traço de expressão* informal se opõe à imagem ou à forma expressada. Em segundo lugar, já não há um sujeito que se eleva até a imagem, com êxito ou fracassando. Diríamos de preferência que uma *zona de indistinção, de indiscernabilidade, de ambiguidade* se estabelece

[9] Régis Durand mostrou essa função das linhas desenfreadas no navio baleeiro em oposição aos cabos formalizados: *Melville, signes et métaphores*, Lausanne, L'Âge d'Homme, 1980, pp. 103-7. O livro de Durand e o de Philippe Jaworski (1986) estão entre as análises mais profundas de Melville publicadas recentemente.

entre dois termos, como se eles tivessem atingido o ponto que precede imediatamente sua respectiva diferenciação: não uma similitude, mas um deslizamento, uma vizinhança extrema, uma contiguidade absoluta; não uma filiação natural, mas uma aliança contranatureza. Trata-se de uma zona "hiperbórea", "ártica". Já não é uma questão de Mimese, porém de devir: Ahab não imita a baleia, ele torna-se Moby Dick, entra na zona de vizinhança onde já não pode distinguir-se de Moby Dick e golpeia-se a si mesmo ao golpeá-la. Moby Dick é a "muralha bem próxima" com a qual ele se confunde. Redburn renuncia à imagem do pai para introduzir-se nos traços ambíguos do irmão misterioso. Pierre não imita o pai, mas adentra a zona de vizinhança onde já não pode distinguir-se de sua meia-irmã *[101]* Isabel e torna-se mulher. Enquanto a neurose se debate na rede de um incesto com a mãe, para melhor identificar-se com o pai, a psicose libera um incesto com a irmã como um devir, uma livre identificação do homem e da mulher: do mesmo modo, Kleist emite traços de expressão atípicos, quase animais, gagueiras, rangidos, rictos que alimentam sua conversa passional com a irmã. É que em terceiro lugar a psicose persegue seu sonho, assentar uma *função de universal fraternidade* que já não passa pelo pai, que se constrói sobre as ruínas da função paterna, supõe a dissolução de toda imagem de pai, segundo uma linha autônoma de aliança e de vizinhança que faz da mulher uma irmã, do outro homem um irmão, semelhante à terrível "corda do macaco" que une Ismael e Queequeg como casados. São as três características do sonho americano, compondo a nova identificação, o novo mundo: o Traço, a Zona e a Função.

Estamos misturando personagens tão diferentes quanto Ahab e Bartleby. No entanto, não são em tudo opostos? A psiquiatria melvilliana invoca constantemente dois polos: os *monomaníacos* e os *hipocondríacos*, os demônios e os anjos, os carrascos e as vítimas, os Rápidos e os Lentos, os Fulminantes e os Petrificados, os Impuníveis (para além de qualquer punição) e os Irresponsáveis (para aquém de qualquer responsabilidade). Qual é o ato de Ahab quando arremessa seus dardos de fogo e de loucura? É ele quem rompe um pacto. Ele trai a lei dos baleeiros, que consiste em dar caça a qualquer baleia sã que encontrem, sem escolher. Ele sim escolhe, perseguindo sua identificação com Moby Dick, lançado em seu devir indiscernível, colocando sua tripulação em perigo de morte. É essa monstruosa preferência que o tenente Starbuck lhe censura amargamente, pensando até em matar o capitão desleal. É o pecado prometeico por excelência, escolher.[10] Era o caso da Pentesileia de Kleist, Ahab-mulher que havia escolhido seu inimigo como seu duplo indiscernível, Aquiles em desafio à lei *[102]* das Amazonas, que proíbe preferir um inimigo. A sacerdotisa e as Amazonas veem nisso uma traição que a loucura sanciona numa identificação canibal. O próprio Melville coloca em cena outro demônio monomaníaco, o mestre-d'armas Claggart, em seu último romance, *Billy Budd*. A função subalterna de Claggart não deve iludir: não mais que o capitão Ahab, ele tampouco é um caso de maldade psicológica, mas de perversão metafísica, que consiste em escolher sua presa, em preferir uma vítima escolhida com uma espécie de amor, ao invés de fazer reinar a lei dos navios, que lhe ordena aplicar a todos uma mesma disciplina. É o que sugere o narrador, lembrando uma antiga e misteriosa teoria cuja apresentação já se encontrava em Sade: a lei, as leis comandam uma natureza sensível segunda, ao passo que seres *depravados por inatismo* participam de uma terrível Natureza suprassensível e primeira, original, oceânica, que através deles persegue seu próprio objetivo irracional, Nada, Nada, e que não conhece lei.[11] Ahab perfurará o muro, ainda que nada haja atrás dele, e fará do nada o objeto de sua vontade: "Para mim, essa baleia branca é a tal muralha, bem perto de mim. Por vezes penso que para além dela não há nada, mas tanto pior...". Desses seres obscuros como os peixes dos abismos Melville diz que só o

[10] Georges Dumézil (prefácio a Charachidzé, *Prométhée ou le Caucase*, Paris, Flammarion, 1986: "O mito grego de Prometeu permaneceu através das épocas um objeto de reflexão e de referência. O deus que não participa na luta dinástica de seus irmãos contra o primo Zeus, mas que, *a título pessoal*, desafia e ridiculariza o próprio Zeus [...], esse *anarquista* toca e perturba em nós zonas obscuras e sensíveis".

[11] Sobre essa concepção de duas Naturezas em Sade (a teoria do papa na *Nouvelle Justine*), cf. Pierre Klossowski, *Sade mon prochain*, Paris, Seuil, pp. 137 ss.

olho do *profeta*, e não do psicólogo, é capaz de adivinhá-los, diagnosticá-los, sem poder prevenir sua louca empreitada, "mistério de iniquidade"...

Já estamos em condições de classificar os grandes personagens de Melville. Num polo, esses monomaníacos ou demônios, que erigem uma preferência monstruosa, levados pela vontade de nada: Ahab, Claggart, Babo... Mas no outro polo estão esses anjos ou santos hipocondríacos, quase estúpidos, criaturas de inocência e de pureza, vítimas de uma fraqueza constitutiva, mas também de uma estranha beleza, petrificados por natureza e que preferem... absolutamente nenhuma vontade, um nada de vontade a uma vontade de nada (o "negativismo" hipocondríaco). Só conseguem sobreviver tornando-se pedra, negando a vontade, e se santificam nessa *[103]* suspensão.[12] É Cereno, Billy Budd e acima de tudo Bartleby. E ainda que os dois tipos se oponham em todos os sentidos, uns traidores inatos e os outros traídos por essência, uns, pais monstruosos que devoram seus filhos, os outros, filhos abandonados sem pai, eles frequentam um mesmo mundo e formam alternâncias, assim como na escrita de Melville, e também de Kleist, se alternam os processos estacionários e congelados e os procedimentos de louca velocidade: o *estilo*, com sua sucessão de catatonias e precipitações... É que uns e outros, os dois tipos de personagem, *Ahab e Bartleby, pertencem a essa Natureza primeira*, eles a habitam e a compõem. Tudo os opõe e, contudo, talvez seja a mesma criatura, primeira, original, teimosa, vista pelos dois lados, apenas marcada por um sinal "mais" ou por um sinal "menos": Ahab e Bartleby, como para Kleist a terrível Pentesileia e a doce e pequena Catarina, o além e o aquém da consciência, aquela que escolhe e

[12] Cf. a concepção da santidade segundo Schopenhaeur, como o ato pelo qual a Vontade se nega na supressão de toda particularidade. Pierre Leyris, no seu segundo prefácio a *Billy Budd* (Paris, Gallimard, 1980), lembra o interesse profundo de Melville por Schopenhauer. Nietzsche via em Parsifal o protótipo do santo schopenhaueriano, uma espécie de Bartleby. Mas, segundo Nietzsche, o homem prefere ainda um demônio a um santo: "O homem prefere ainda querer o *nada*, a *não* querer..." (*Généalogie de la morale*, III, par. 28).

aquela que não escolhe, a que uiva como uma loba e a que preferiria-não-falar.[13]

Em Melville há enfim um terceiro tipo de personagem, o que está do lado da lei, guardião das leis divinas e humanas da natureza segunda: é o profeta. Ao capitão Delano falta singularmente o olho do profeta, mas Ismael em *Moby Dick*, o capitão Vere de *Billy Budd*, o advogado de *Bartleby* têm esse poder de "Ver": eles são aptos para captar e compreender, tanto quanto possível, os seres da Natureza primeira, os grandes demônios monomaníacos ou os santos inocentes, e às vezes ambos. Por sua vez, não lhes falta, contudo, ambiguidade. Aptos para adivinhar a Natureza primeira que os fascina, são, não obstante, os representantes da natureza segunda e de suas leis. Portam a imagem paterna: parecem bons pais, pais benevolentes (ou ao menos *[104]* grandes irmãos protetores, como Ismael em relação a Queequeg). Mas não chegam a evitar os demônios, pois estes são rápidos demais para a lei, demasiado surpreendentes. E não salvam o inocente, o irresponsável: eles o imolam em nome da lei, fazem o sacrifício de Abraão. Sob a máscara paterna, têm uma espécie de dupla identificação: com o inocente, por quem sentem um verdadeiro amor, mas também com o demônio, visto que rompem à sua maneira o pacto com o inocente que amam. Portanto eles traem, mas de uma maneira diferente de Ahab ou Claggart: estes infringiam a lei, enquanto Vere ou o advogado, em nome da lei, rompem um acordo implícito e quase inconfessável (mesmo Ismael parece afastar-se de seu irmão selvagem Queequeg). Continuam prezando o inocente que eles condenaram: o capitão Vere morrerá murmurando o nome de Billy Budd, e as últimas palavras do advogado para concluir seu relato serão: "Ah, Bartleby! Ah, humanidade!", indicando assim não uma conexão, mas, ao contrário, uma alternativa em que ele deve escolher contra Bartleby a lei demasiado humana. Dilacerados por suas contradições entre as duas Naturezas, tais personagens são muito importantes, mas

[13] Cf. Heinrich von Kleist, carta a H. J. von Collin, dezembro de 1808 (*Correspondance*, Paris, Gallimard, 1976, p. 363). *Catherine de Heilbronn* tem ela mesma sua Fórmula, próxima da de Bartleby: "Eu não sei", ou, mais brevemente: "Sei não".

não têm a estatura dos dois outros. São antes Testemunhas, recitantes, interpretantes. Há um problema que escapa a esse terceiro tipo de personagem, um problema mais elevado que se resolve entre os dois outros.

*The Confidence-man** (um pouco como se diz *Medicine-men*, o Homem-confiança, o Homem de confiança) está salpicado de reflexões de Melville sobre o romance. A primeira dessas reflexões consiste em reivindicar os direitos de um irracionalismo superior (cap. 14). Por que o romancista se consideraria obrigado a explicar o comportamento de seus personagens e a lhes dar razões se a vida por sua vez nunca explica nada e deixa nas suas criaturas tantas zonas obscuras, indiscerníveis, indeterminadas, que desafiam qualquer esclarecimento? É a vida que justifica, ela não precisa ser justificada. O romance inglês, e ainda mais o romance francês, sentem a necessidade de racionalizar, ainda que nas últimas páginas, e a psicologia constitui sem dúvida a última forma do racionalismo: o leitor ocidental espera a última palavra. A psicanálise, a esse respeito, relançou as pretensões da razão. Mas, se ela quase não poupou as grandes obras *[105]* romanescas, nenhum grande romancista de sua época conseguiu se interessar muito pela psicanálise. O ato fundador do romance americano, o mesmo que o do romance russo, consistiu em levar o romance para longe da via das razões e dar nascimento a esses personagens que estão suspensos no nada, que só sobrevivem no vazio, que conservam seu mistério até o fim e desafiam a lógica e a psicologia. Mesmo sua alma, diz Melville, é um "vazio imenso e terrorífico", e o corpo de Ahab é uma "concha vazia". Se possuem alguma fórmula, ela certamente não é explicativa, e o PREFIRO NÃO continua sendo uma fórmula cabalística, assim como a do Homem do subsolo, que não pode impedir que 2 e 2 sejam igual a 4, mas que não se RESIGNA a isso (*prefere não 2 e 2 ser igual a 4*). O que conta para um grande romancista, Melville, Dostoiévski, Kafka ou Musil, é que as coisas permaneçam enigmáticas e, contudo, não arbitrárias: em suma, uma nova lógi-

* Trad. bras.: Herman Melville, *O vigarista: seus truques*, tradução de Eliana Sabino, Rio de Janeiro, Editora 34, 1992. (N. do T.)

ca, plenamente uma lógica, mas que não nos reconduza à razão e que capte a intimidade da vida e da morte. O romancista tem o olho do profeta, não o olhar do psicólogo. Para Melville, as três grandes categorias de personagens pertencem a essa nova lógica, assim como esta lhes pertence. Assim como a vida, tampouco o romance precisa ser justificado, contanto que atinja a Zona buscada, a zona hiperbórea, longe das regiões temperadas.[14] E, a bem da verdade, não existe a razão, ela só existe em pedaços. Melville, em *Billy Budd*, define os monomaníacos como os Mestres da razão, por isso é tão difícil surpreendê-los; mas porque seu delírio é de ação, e porque utilizam a razão, fazem-na servir a seus fins soberanos, em verdade bem pouco razoáveis. E os hipocondríacos são os Excluídos da razão, sem que se possa saber se não se excluem a si mesmos, a fim de obter o que ela não lhes pode dar, o indiscernível, o inominável com o qual poderão confundir-se. Mesmo os profetas, enfim, não passam de Náufragos da razão: se Vere, Ismael ou o advogado se agarram com tanta força aos destroços da razão, cuja integridade em vão tentam reconstruir, é porque *viram* tanto, e o que viram marcou-os para sempre. *[106]*

Mas uma segunda observação de Melville (cap. 44) introduz uma distinção essencial entre os personagens do romance. Melville diz que é preciso sobretudo não confundir os verdadeiros Originais com os personagens simplesmente notáveis ou singulares, particulares. Os particulares, que podem ser muito numerosos num romance, têm características que determinam sua forma, propriedades que compõem sua imagem; recebem a influência de seu meio, e uns dos outros, de sorte que suas ações e reações obedecem a leis gerais, conservando cada vez um valor particular. Do mesmo modo, as frases que pronunciam lhes são próprias, mas não deixam de obedecer às leis gerais da língua. O original, ao contrário, sequer sabemos se existe algum, com exceção do Deus primordial, e já é sorte quando encontramos um. Não se vê bem como um romance

[14] A comparação, de Musil a Melville, incidiria sobre os quatro pontos seguintes: a crítica da razão ("princípio de razão insuficiente"); a denúncia da psicologia ("esse grande buraco que chamam de alma"); a nova lógica ("o outro estado"); a Zona hiperbórea (o "Possível").

poderia comportar mais do que uma figura original, declara Melville. Cada original é uma potente Figura solitária que extravasa qualquer forma explicável: lança flamejantes dardos-traços de expressão, que indicam a teimosia de um pensamento sem imagem, de uma questão sem resposta, de uma lógica extrema e sem racionalidade. Figuras de vida e de saber, sabem algo inexprimível, vivem algo insondável. Não têm nada de geral e não são particulares: escapam ao conhecimento, desafiam a psicologia. Mesmo as palavras que pronunciam transbordam das leis gerais da língua (os "pressupostos"), assim como as simples particularidades da fala, visto que são como os vestígios ou projeções de uma língua original única, primeira, e levam toda a linguagem ao limite do silêncio e da música. Bartleby nada tem de particular, tampouco de geral, é um Original.

Os originais são os seres da Natureza primeira, mas são inseparáveis do mundo ou da natureza segunda, e aí exercem seu efeito: revelam seu vazio, a imperfeição das leis, a mediocridade das criaturas particulares, o mundo como mascarada (é o que Musil por sua vez chamará de a "ação paralela"). O papel dos profetas, precisamente deles, que não são originais, consiste em serem os únicos que reconhecem seu vestígio no mundo e a perturbação indizível com a qual o afetam. O original, diz Melville, não sofre a influência de seu meio, mas, ao contrário, lança sobre o entorno uma luz *[107]* branca lívida, semelhante àquela que "acompanha no Gênesis o começo das coisas". Essa luz: os originais ora são sua fonte imóvel, como o gajeiro no alto do mastro, Billy Budd enforcado e atado "subindo" no clarão da alvorada, Bartleby em pé no escritório do advogado; ora são o trajeto fulgurante, o movimento rápido demais para que o olho comum o possa seguir, o raio de Ahab ou de Claggart. São as duas grandes Figuras originais que se encontram por toda parte em Melville, Panorâmica e *Travelling*, processo estacionário e velocidade infinita. Mesmo sendo os dois elementos do ritmo, ainda que haja paradas que cadenciem o movimento e relâmpagos surdindo do imóvel, acaso não é a contradição o que separa os originais, seus dois tipos? Que quer dizer Jean-Luc Godard quando, em nome do cinema, afirma que entre um *travelling* e uma panorâmica há um "problema moral"? Talvez essa diferença seja o que faz com que um grande romancista, ao que parece, só possa comportar um único original. Os romances medíocres jamais puderam criar o mínimo personagem original, porém como o maior romance poderia criar vários ao mesmo tempo? Ahab *ou* Bartleby... É como as grandes Figuras do pintor Bacon, que confessa não ter encontrado ainda o meio de reunir duas delas num mesmo quadro.[15] Não obstante, Melville encontrará. Se ele rompe seu silêncio para escrever enfim *Billy Budd*, é porque esse último romance, sob o olhar penetrante do capitão Vere, reúne os dois originais, o demoníaco e o petrificado: o problema não era ligá-los através de uma intriga, coisa fácil e sem consequência, onde basta que um seja a vítima do outro, mas fazê-los *manter-se juntos* no mesmo quadro (se *Benito Cereno* já o havia tentado, era somente de maneira imperfeita, sob o olhar míope e turvo de Delano).

Qual é, portanto, o mais elevado problema que obseda a obra de Melville? Reencontrar a identidade pressentida? Sem dúvida reconciliar os dois originais, *mas para isso também reconciliar o original e a humanidade segunda*, o inumano com o humano. Ora, não há bons pais, é o que provam o capitão Vere ou *[108]* o advogado. Só existem pais monstruosos e devoradores, e filhos sem pai, petrificados. Se a humanidade pode ser salva, e os originais reconciliados, é somente na dissolução, na decomposição da função paterna. Por isso é um grande momento quando Ahab, invocando os fogos de Santelmo, descobre que o próprio pai é um filho perdido, um órfão, enquanto o filho é filho de nada, ou de todo mundo, um irmão.[16] Como dirá Joyce, a paternidade não existe, é um vazio, um nada, ou antes uma zona de incerteza ocupada pelos irmãos, pelo irmão e a irmã. É preciso que caia a máscara do pai caridoso

[15] Cf. Francis Bacon, *L'Art de l'impossible*, Genebra, Skira, 1976, I, p. 123. E Melville dizia: "Um pouco pela mesma razão de existir um único planeta em tal órbita determinada, só pode haver um personagem original numa obra de imaginação; dois personagens entrariam em contradição até o caos".

[16] Cf. Régis Durand, p. 153. Jean-Jacques Mayoux dizia: "No plano pessoal, a questão do pai por enquanto está adiada, se não resolvida [...] Mas ela não concerne apenas a ele. Somos todos órfãos. E é agora o tempo da fraternidade" (*Melville par lui même*, Paris, Seuil, 1958, p. 109).

para que a Natureza primeira se pacifique e se reconheçam Ahab e Bartleby, Claggart e Billy Budd, liberando na violência de uns e no estupor dos outros o fruto do qual estavam prenhes, a relação fraternal pura e simples. Melville sempre desenvolverá a oposição radical da fraternidade com a "caridade" cristã ou a "filantropia" paterna. Liberar o homem da função de pai, fazer nascer o novo homem ou o homem sem particularidades, reunir o original e a humanidade, constituindo uma sociedade dos irmãos como nova universalidade. Na sociedade dos irmãos, a aliança substitui a filiação, e o pacto de sangue, a consanguinidade. O homem é efetivamente o irmão de sangue do homem, e a mulher, sua irmã de sangue: é *a comunidade dos celibatários* segundo Melville, arrastando seus membros num devir ilimitado. *Um* irmão, *uma* irmã, tanto mais verdadeiros quanto não são mais dele, dela, já que toda "propriedade" foi abolida. Ardente paixão mais profunda que o amor, visto que já não tem substância nem qualidades, mas traça uma zona de indiscernibilidade na qual ela percorre todas as intensidades em todos os sentidos, estendendo-se até a relação homossexual entre os irmãos e passando pela relação incestuosa do irmão e da irmã. É a relação mais misteriosa, a que leva Pierre e Isabel, a que arrasta "Roc" e Catherine em *O morro dos ventos uivantes*, cada um sendo Ahab e Moby Dick alternadamente: "Do que quer que sejam feitas nossas almas, a sua e a minha são iguais... Meu amor por Heathcliff se assemelha às rochas eternas do subsolo, fonte de pouca alegria *[109]* visível, mas necessária... *Eu sou Heathcliff!*, ele sempre está presente em minha mente: não como um prazer, assim como eu não sou sempre um prazer para mim mesma, mas como meu próprio ser...".

Como essa comunidade poderia realizar-se? Como o mais elevado problema poderia ser resolvido? Mas ele já não está resolvido por si mesmo, precisamente por não ser pessoal, por ser histórico, geográfico, político? Não é um assunto individual ou particular, mas coletivo, de um povo, ou antes, de todos os povos. Não é um fantasma edipiano, mas um programa político. O celibatário de Melville, Bartleby, como o de Kafka, deve encontrar o "lugar de seus passeios", América. O americano é aquele que se libertou da função paterna inglesa, é o filho de um pai reduzido a migalhas, de todas as nações. Desde antes da independência, os americanos pensam na combinação dos Estados, na forma do Estado que seria compatível com sua vocação; mas sua vocação não consiste em reconstituir um "velho segredo de Estado", uma nação, uma família, uma herança, um pai, mas, antes de tudo, em constituir um universo, uma sociedade de irmãos, uma federação de homens e de bens, uma comunidade de indivíduos anarquistas, inspirada em Jefferson, em Thoreau, em Melville. Tal é a declaração de *Moby Dick* (cap. 26): se o homem é o irmão do homem, se é digno de "confiança", não o é por pertencer a uma nação, nem por ser proprietário ou acionário, e sim unicamente por ser Homem, quando perdeu essas características que constituem sua "violência", sua "idiotice", sua "canalhice", quando só tem consciência de si sob os traços de uma "dignidade democrática", que considera todas as particularidades como outras tantas manchas de ignomínia que suscitam a angústia ou a compaixão. A América é o potencial do homem sem particularidades, o Homem original. Já em *Redburn* (cap. 33): "Não se pode verter uma única gota de sangue americano sem derramar o sangue do mundo inteiro. Inglês, francês, alemão, dinamarquês ou escocês, o europeu que zombar de um americano zomba de seu próprio irmão e põe em perigo sua alma para o dia do Juízo. Não somos uma raça estreita, uma tribo nacionalista e carola de hebreus, cujo sangue está abastardado por tê-lo querido demasiado puro mantendo uma descendência direta e casamentos *[110]* consanguíneos... Somos menos uma nação que um mundo, pois a menos que se chame, como Melquisedeque, o mundo inteiro de nosso pai, somos sem pai nem mãe... Somos os herdeiros de todos os séculos de todos os tempos, e nossa herança, nós a partilhamos com todas as nações...".

O quadro do proletário no século XIX se apresenta da seguinte maneira: o advento do homem comunista ou a sociedade dos camaradas, o futuro Soviete, visto ser sem propriedade, sem família e sem nação, não possui outra determinação senão a de ser homem, *Homo tantum*. Mas é também o quadro do americano, com outros meios, e os traços de um e outro se misturam e se sobrepõem com frequência. A América pensava estar fazendo uma revolução cuja força seria a imigração universal, os emigrados de todos os países, assim como a Rússia bolchevista acreditará estar fazendo uma, cuja força seria a proletarização universal, "Proletários de todos os países...": duas formas da luta de classes. Desse modo, o messianismo do século XIX tem duas cabeças e se exprime tanto no *pragmatismo* americano como no socialismo finalmente russo.

Não se compreende o pragmatismo quando nele se vê uma teoria filosófica sumária, fabricada pelos americanos. Em contrapartida, compreende-se a novidade do pensamento americano quando se considera o pragmatismo como uma das tentativas para transformar o mundo e para pensar um mundo novo, um homem novo enquanto *se forjam*. A filosofia ocidental era o crânio, ou o Espírito paterno que se realizava no mundo como totalidade, e num sujeito cognoscente como proprietário. É ao filósofo ocidental que se dirige a injúria de Melville, "crápula metafísica"? Contemporâneo do transcendentalismo americano (Emerson, Thoreau), Melville já esboça os traços do pragmatismo que virá na sua esteira. Em primeiro lugar, trata-se da afirmação de um mundo em *processo*, em *arquipélago*. Nem sequer um quebra-cabeça, cujas peças ao se adaptarem reconstituiriam um todo, mas antes como um muro de pedras livres, não cimentadas, onde cada elemento vale por si mesmo e no entanto tem relação com os demais: isolados e relações flutuantes, ilhas e entre-ilhas, pontos móveis e linhas sinuosas, pois a Verdade tem sempre "bordas retalhadas". Não um crânio, mas um cordão de vértebras, uma medula espinhal; não uma vestimenta uniforme, mas uma capa de Arlequim, mesmo branco *[111]* sobre branco, uma colcha de retalhos de continuação infinita, de juntura múltipla, como a jaqueta de Redburn, de White Jacket ou do Grande Cosmopolita: a invenção americana por excelência, pois os americanos inventaram a colcha de retalhos, no mesmo sentido em que se diz que os suíços inventaram o cuco. Mas para isso é preciso também que o sujeito conhecedor, o único proprietário, ceda o lugar a uma comunidade de exploradores, precisamente os irmãos do arquipélago, que substituem o conhecimento pela crença, ou antes, pela "confiança": não crença num outro mundo, mas confiança neste mundo aqui, e tanto no homem como em Deus ("Vou tentar a ascensão de Ofo *com a esperança, não com a fé*... irei pelo meu caminho...").

O pragmatismo é esse duplo princípio de arquipélago e de esperança.[17] O que deve ser a comunidade dos homens para que a verdade seja possível? *Truth* e *trust*. O pragmatismo não cessará de lutar em duas frentes, como já Melville: contra as particularidades que opõem o homem ao homem e alimentam uma desconfiança irremediável, mas também contra o Universal ou o Todo, a fusão das almas em nome do grande amor ou da caridade. O que resta às almas, contudo, quando já não se aferram a particularidades, o que as impede então de fundir-se num todo? Resta-lhes precisamente sua "originalidade", quer dizer, um som que cada uma *emite*, como um ritornelo no limite da linguagem, mas que só emite quando toma a estrada (ou o mar) com o próprio corpo, quando leva a vida sem buscar a salvação, quando empreende sua viagem encarnada sem objetivo particular e então encontra o outro viajante, a quem reconhece *[112]* pelo som. Lawrence dizia ser esse o novo messianismo ou o aporte *democrático* da literatura americana: contra a moral europeia da salvação e da caridade, uma moral da vida em que a alma só se realiza tomando a estrada, sem outro objetivo, exposta a todos os contatos, sem jamais tentar salvar outras almas, desviando-se das que emitem um som demasiado autoritário ou gemente demais, formando com seus iguais acordos/acordes mesmo fugidios e não resolvidos, sem outra realização

[17] Jaworsky analisou particularmente esse mundo em arquipélago ou essa experiência em colcha de retalhos. Esses temas estarão presentes em todo o pragmatismo, especialmente nas mais belas páginas de William James: o mundo como "à queima-roupa". Isso é inseparável da busca de uma nova comunidade humana. Em *Pierre or the ambiguities*, de Melville, o misterioso opúsculo de Plotinus Plinlimmon já pode aparecer como o manifesto de um pragmatismo absoluto. Sobre a história do pragmatismo em geral, filosófico e político, reportar-se a Gérard Deledalle, *La Philosophie américaine*, Lausanne, L'Âge d'Homme, 1983: Royce é particularmente importante por seu "pragmatismo absoluto", por sua "grande comunidade de Interpretação" que reúne os indivíduos. Há aí muitos ecos melvillianos. E o estranho trio de Royce, o Aventureiro, o Beneficiário e o Securitário, parece sob certos aspectos derivar do trio de Melville, o Monomaníaco, o Hipocondríaco e o Profeta, ou mesmo remeter aos personagens de *The Confidence-man*, que já prefigurariam sua versão cômica.

além da liberdade, sempre pronta a libertar-se para realizar-se.[18] A fraternidade, segundo Melville ou Lawrence, é uma questão de almas originais: talvez só comece com a morte do pai ou de Deus, mas não deriva daí, é uma questão inteiramente diferente — "todas as sutis simpatias da alma inumerável, do mais amargo ódio ao amor mais apaixonado".

Para tanto é preciso uma nova perspectiva, o perspectivismo em arquipélago, que conjuga panorâmica e *travelling*, como em *The Encantadas*. Requer-se uma boa percepção, ouvido e vista, como o mostra *Benito Cereno*, e é o "percepto", isto é, uma percepção em devir, que deve substituir o conceito. Necessita-se de uma comunidade nova, cujos membros sejam capazes de "confiança", quer dizer, dessa crença neles mesmos, no mundo e no devir. Bartleby, o celibatário, tem de empreender sua viagem e encontrar sua irmã, com a qual consumirá o biscoito de gengibre, a nova hóstia. Por mais que Bartleby viva enclausurado no escritório, sem nunca sair, ele não graceja quando responde ao advogado que lhe propõe novas ocupações: "É fechado demais...". E se o impedem de fazer sua viagem, então seu lugar já é só na prisão, onde morre de "desobediência civil", como diz Thoreau, "o único lugar em que um homem livre poderá morar com honradez". William e Henry James são efetivamente irmãos, e *Daisy Miller*, a rapariga americana, só pede um pouco de confiança e se deixa morrer porque não obtém esse pouco que pedia. E Bartleby, o que pedia ele senão um pouco de confiança ao advogado que lhe responde com a caridade, a filantropia, todas as máscaras da *[113]* função paterna? A única escusa do advogado é que ele recua diante do devir no qual Bartleby, por sua mera existência, ameaça arrastá-lo: já começam a circular *rumores*... O herói do pragmatismo não é o homem de negócios bem-sucedido, é Bartleby, e Daisy Miller, e Pierre e Isabel, o irmão e a irmã.

[18] D. H. Lawrence, *Études sur la litterature classique américaine*, Paris, Seuil, 1948, "Whitman". O livro inclui também dois estudos célebres sobre Melville. Lawrence critica tanto Melville como Whitman por terem incorrido no que denunciavam; contudo, diz ele, a literatura americana traça seu caminho graças a eles.

Os perigos da "sociedade sem pais" foram denunciados com frequência, mas o único perigo é o retorno do pai.[19] A esse propósito, não se pode separar o fracasso das duas revoluções, a americana e a soviética, a pragmática e a dialética. A emigração universal não teve mais êxito do que a universal proletarização. A Guerra de Secessão já faz dobrarem os sinos, como o fará a liquidação dos Sovietes. Nascimento de uma Nação, restauração do Estado-nação, e os pais monstruosos retornam galopantes, enquanto os filhos sem pai recomeçam a morrer. Imagens de papel, esse é o destino do Americano bem como do Proletário. Porém, assim como muitos bolchevistas desde 1917 ouviam os poderes diabólicos batendo à porta, os pragmatistas e já Melville viam chegar a mascarada que arrastaria a sociedade dos irmãos. Bem antes de Lawrence, Melville e Thoreau diagnosticavam o mal americano, o novo cimento que restabelece o muro, a autoridade paterna e a imunda caridade. Bartleby se deixa então morrer na prisão. Desde o início, Benjamin Franklin, o hipócrita *Mercador de para-raios*, instala a prisão magnética americana. O navio-cidade reconstitui a lei mais opressiva, e a fraternidade só subsiste nos gajeiros quando eles se mantêm imóveis no alto dos mastros (*White-Jacket*). A grande comunidade dos celibatários não passa de uma companhia de boas-vidas, que certamente não impede o celibatário rico de explorar as pobres operárias lívidas, reconstituindo as duas figuras não reconciliadas do pai monstruoso e das filhas órfãs (*The paradise of bachelors and the Tartarus of maids*). Por toda parte em Melville aparece o escroque americano. Qual poder maligno fez do *trust* uma companhia tão cruel quanto a abominável "nação universal" fundada pelo Homem dos cães, em *The Encantadas*? *The Confidence-man*, onde culmina a crítica *[114]* melvilliana da caridade e da filantropia, coloca em cena uma série de personagens tortuosos que parecem emanar de um "Grande Cosmopolita" com roupa de colcha de retalhos e que pedem tão somente... um

[19] Cf. o livro de Alexander Mitscherlich, *Vers la société sans pères* (Paris, Gallimard, 1969), de um ponto de vista psicanalítico que permanece indiferente aos movimentos da História e que re-invoca os benefícios da Constituição paternal inglesa.

pouco de confiança humana para levar adiante uma trapaça múltipla e proliferante.

São falsos irmãos que um pai diabólico envia para restaurar seu poder sobre os americanos *demasiado crédulos*? Mas o romance é tão complexo que se poderia dizer o inverso: essa longa teoria de escroques seria a versão cômica dos irmãos autênticos, tal como os americanos *demasiado desconfiados* os veem, ou melhor, já se tornaram incapazes de vê-los. Essa coorte de personagens, até a criança misteriosa do final, talvez seja a sociedade dos Filantropos dissimulando seu projeto demoníaco, mas quiçá também a comunidade dos irmãos que os Misantropos já não sabem reconhecer quando passam. Com efeito, no seio mesmo de seu fracasso, a revolução americana continua relançando seus fragmentos, sempre fazendo fugir algo na linha de horizonte, embarcando para a Lua, tentando perfurar o muro, retomando a experimentação, encontrando uma fraternidade nesse empreendimento, uma irmã nesse devir, uma música na língua que gagueja, um som puro e acordes desconhecidos em toda a linguagem. O que Kafka dirá das "nações pequenas" é o que Melville já diz da grande nação americana, na medida em que deve ser precisamente o *patchwork* de todas as nações pequenas. O que Kafka dirá das literaturas menores é o que Melville já diz da literatura americana de seu tempo: visto que há poucos autores na América, e uma vez que o povo lhes é indiferente, o escritor não está em situação de ser bem-sucedido enquanto mestre reconhecido; porém mesmo no fracasso continua sendo ainda mais o portador de uma enunciação coletiva que já não depende da história literária e preserva os direitos de um povo por vir ou de um devir humano.[20] Vocação esquizofrênica: mesmo catatônico e anoréxico, Bartleby não é o doente, mas o médico de uma América doente, o *Medicine-man*, o novo Cristo ou o irmão de todos nós.

[20] Cf. o texto de Melville sobre a literatura americana em "Hawthorne et ses mousses" (*D'où viens-tu, Hawthorne?*, pp. 237-40). Comparar com o texto de Kafka, *Journal*, pp. 179-82).

11. UM PRECURSOR DESCONHECIDO DE HEIDEGGER, ALFRED JARRY

[115]

A Patafísica (*epi meta ta phusika*) tem precisa e explicitamente o seguinte objeto: a grande Virada, a superação da metafísica, o remontar para além ou para aquém, "a ciência do que se acrescenta à metafísica, seja em si mesma, seja fora de si, estendendo-se tão longe para além da metafísica quanto esta da física".[1] Desse modo, pode-se considerar a obra de Heidegger como um desenvolvimento da patafísica conforme os princípios de Sofrotates, o armênio, e de seu primeiro discípulo, Alfred Jarry. As grandes semelhanças, memoriais ou históricas, concernem ao *ser do fenômeno*, à *técnica planetária* e ao *tratamento da língua*.

I. Em primeiro lugar, como superação da metafísica, a patafísica é inseparável de uma fenomenologia, isto é, de um novo sentido e de uma nova compreensão do fenômeno. É uma semelhança alucinante entre os dois autores. O fenômeno já não pode definir-se como uma aparência, mas tampouco será definido, à maneira da fenomenologia de Husserl, como uma aparição. A aparição remete a uma consciência à qual aparece e pode ainda existir sob uma forma distinta daquilo que faz aparecer. O fenômeno, ao contrário, é o que mostra a si mesmo em si mesmo.[2] Um mostrador de relógio *aparece* redondo, cada vez que se lê a hora (utensilidade); ou mesmo, independente da utilidade, em virtude unicamente das exigências da consciência (banalidade cotidiana), *[116]* a fachada

[1] Jarry, *Faustroll*, II, 8, Pléiade I (Paris, Gallimard, 1972), p. 668.

[2] Heidegger, *Être et temps*, par. 7 ("A ontologia só é possível como fenomenologia", mas Heidegger invoca os gregos mais que Husserl).

de uma casa aparece quadrada, segundo algumas constantes de redução. Mas o fenômeno é o mostrador como série infinita de elipses ou a fachada como série infinita de trapézios: mundo feito de singularidades notáveis, ou que se mostram (enquanto as aparições são apenas singularidades reduzidas ao ordinário, que aparecem ordinariamente à consciência).[3] O fenômeno, a esse título, não remete a uma consciência, mas a um ser, ser do fenômeno, que consiste precisamente no mostrar-se. Esse ser do fenômeno é o "*epifenômeno*", in-útil e in-consciente, objeto da patafísica. O epifenômeno é o ser do fenômeno, ao passo que o fenômeno é apenas o ente, ou a vida. Não o ser, e sim o fenômeno é que é percepção, perceber ou ser percebido, ao passo que Ser é pensar.[4] Sem dúvida o ser ou o epifenômeno não é algo distinto do fenômeno, mas dele difere absolutamente: é o mostrar-se do fenômeno.

A metafísica é um erro que consiste em tratar o epifenômeno como um outro fenômeno, outro ente, outra vida. Na verdade, mais do que considerar o ser como um ente superior que fundaria a constância dos demais entes percebidos, devemos pensá-lo como um Vazio ou um Não-ente, através de cuja transparência agitam-se as variações singulares, "caleidoscópio mental irisado (que) se pensa".[5] O ente pode até parecer uma degradação do ser, e a vida uma degradação do pensamento; porém, mais ainda, diremos que o ente barra o ser, inflige-lhe a morte e o destrói, ou que a vida mata o pensamento; por isso não pensamos ainda. "Para em paz com minha consciência glorificar o Viver, quero que o Ser desapareça, resolvendo-se em seu contrário." Contudo, esse desaparecimento, essa dissipação não provém do exterior. Se o ser é o mostrar-se do ente, ele mesmo não se mostra e não para de retrair-se, estando ele próprio retirado ou retraído. Melhor ainda: retrair-se, apartar-se, é a única maneira pela qual ele se mostra enquanto ser, visto que ele é apenas o mostrar-se do fenômeno ou do ente.

[3] Jarry, *Faustroll*, *idem*.

[4] Jarry, *Être et vivre* (Pléiade I, p. 342): "ser, desemperiquetado do arreio de Berkeley [...]".

[5] Jarry, *Faustroll* e *Être et vivre* ("Viver é o carnaval do Ser [...]").

II. A metafísica inteira cabe no retraimento do ser ou no esquecimento, pois confunde o ser com o ente. A *[117]* técnica como dominação efetiva do ente é a herdeira da metafísica: ela a completa, a realiza. A ação e a vida "mataram o pensamento, portanto Vivamos e assim seremos os Senhores". Nesse sentido, Ubu representa o grande ente, a saída da metafísica como técnica planetária e ciência inteiramente mecanizada, a ciência das máquinas em seu sinistro frenesi. A anarquia é a bomba, ou a compreensão da técnica. Jarry propõe uma concepção curiosa do anarquismo: "A Anarquia É", mas faz o Ser decair no ente da ciência e da técnica (o próprio Ubu se converterá em anarquista para melhor fazer-se obedecer).[6] Em termos mais gerais, a obra inteira de Jarry não para de invocar ciência e técnica, povoando-se de máquinas e colocando-se sob o signo da *Bicicleta*: com efeito, esta não é uma máquina simples, mas o modelo simples de uma Máquina adequada aos tempos.[7] A Bicicleta transforma a Paixão como metafísica cristã da morte de Deus em corrida de etapas eminentemente técnica.[8] A bicicleta, com sua corrente e suas marchas, é a essência da técnica: envolve e desenvolve, opera a grande Virada da terra. A bicicleta é quadro, como o "quadripartito" de Heidegger.

Assim, se o problema é complexo, é porque tanto em Jarry como em Heidegger a técnica e a ciência tecnicizada não se contentam em acarretar o retraimento ou o esquecimento do ser: o ser se mostra igualmente na técnica pelo fato de que dela se retrai, enquanto dela se retrai. Mas *isto* só pode ser compreendido patafisicamente (ontologicamente), não metafisicamente. Por isso Ubu inventa a patafísica, ao mesmo tempo que promove a técnica planetária: ele compreende a essência da técnica — compreensão que

[6] Sobre a anarquia segundo Jarry, cf. não só *Être et vivre* mas sobretudo *Visions actuelles et futures*.

[7] O apelo à ciência (física e matemática) aparece sobretudo em *Faustroll* e *Le Surmâle*; a teoria das máquinas está particularmente elaborada num texto complementar de Faustroll, *Commentaire pour servir à la construction pratique de la machine à explorer le temps* (Pléiade I, pp. 734-43).

[8] "A Paixão considerada como corrida costeira", *La Chandelle verte* (Pléiade II, pp. 420 e 422).

Heidegger credita de modo imprudente ao nacional-socialismo. O que Heidegger encontra no nazismo (tendência populista), Jarry encontra-o no anarquismo *[118]* (tendência direitista). Dir-se-ia que nos dois autores a técnica é o lugar de um combate no qual ora o ser se perde no esquecimento, no retraimento, ora, ao contrário, nela se mostra ou se desvela. Não basta, com efeito, opor o ser e seu esquecimento, o ser e seu retraimento, já que o que define a perda do ser é antes o esquecimento do esquecimento, o retraimento do retraimento, ao passo que o retraimento e o esquecimento constituem a maneira pela qual o ser se mostra ou *pode* mostrar-se. A essência da técnica não é técnica, e "contém a possibilidade de que aquilo que salva se alce em nosso horizonte".[9] Portanto, o acabamento da metafísica na técnica torna possível a superação da metafísica, isto é, a patafísica. Donde a importância da teoria da ciência e da experimentação das máquinas como parte integrante da patafísica: a técnica planetária não é simplesmente a perda do ser, mas a eventualidade de sua salvação.

O ser se mostra duas vezes: uma primeira em relação à metafísica, num *passado imemorial*, visto que retraído de qualquer passado da história — o sempre Já-pensado dos gregos. Uma segunda vez em relação à técnica, num *futuro inassinável*, pura imanência ou possibilidade de um pensamento sempre por vir.[10] É o que aparece em Heidegger, com a *Ereignis*, que é como uma eventualidade do Acontecimento, uma Possibilidade de ser, um *Possest*, um Por-vir que extravasa qualquer presença do presente bem como qualquer imemorial da memória. Em seus últimos escritos, Heidegger já nem sequer fala de metafísica ou de superação da metafísica, uma vez que o ser por seu turno deve ser superado, em favor de um Poder-Ser que já se relaciona unicamente com a técnica.[11]

[9] Heidegger, *Essais et conférences*, "La question de la technique", Paris, Gallimard, pp. 44-5.

[10] Marlène Zarader salientou particularmente essa dupla virada em Heidegger, uma para trás, a outra para frente: *Heidegger et les paroles de l'origine*, Paris, Vrin, 1986, pp. 260-73.

[11] Heidegger, *Questions*, IV, "Temps et être", Paris, Gallimard, 1976: "sem consideração pela metafísica", nem sequer "intenção de superá-la".

Do mesmo modo, Jarry deixará de falar em patafísica à medida que for descobrindo o Possível para além do ser, em *O Supermacho* como romance do futuro, e mostrará em seu último escrito, *La Dragonne*, como o Possível supera o presente e o *[119]* passado para produzir um novo amanhã.[12] Ora, em Jarry também essa abertura do possível necessita da ciência tecnicizada: já o víamos do ponto de vista restrito da própria patafísica. E se Heidegger define a técnica pela ascensão de um "fundo" que apaga o objeto em favor de uma possibilidade de ser — o avião como possibilidade de voar *em todas as suas partes* —, Jarry por sua vez considera a ciência e a técnica como a ascensão de um "éter", ou o desvelamento de traçados que correspondem às potencialidades ou virtualidades moleculares de *todas as partes do objeto*: a bicicleta, o quadro da bicicleta constitui precisamente um excelente modelo atômico, visto ser constituído "de barras rígidas articuladas e guidões animados por um rápido movimento de rotação".[13] O "bastão de física" é o ente técnico por excelência que descreve o conjunto de suas linhas virtuais, circulares, retilíneas, cruzadas. Nesse sentido, a patafísica já comporta uma poderosa teoria das máquinas e já ultrapassa as virtualidades do ente em direção à possibilidade de ser (Ubu envia seus inventos técnicos a um escritório cujo chefe é o Senhor Possível), segundo uma tendência que culminará com *O Supermacho*.

A técnica planetária é pois o lugar de reviravoltas, conversões ou viradas eventuais. A ciência, com efeito, trata o tempo como variável independente; por isso as máquinas são essencialmente máquinas de explorar o tempo, "tempomóvel" mais do que locomóvel. Tendo em vista esse caráter técnico, a ciência primeiramente

[12] Henri Bordillon, *Préface*, Pléiade II: Jarry "quase nunca utiliza o termo patafísica, entre 1900 e sua morte", salvo em textos que se referem a Ubu. (Desde *Être et vivre*, Jarry dizia: "O Ser, subsupremo da Ideia, pois menos compreensivo que o Possível...", Pléiade I, p. 342).

[13] Cf. a definição da patafísica, *Faustroll*: ciência "que atribui simbolicamente aos lineamentos as propriedades dos objetos descritos por sua virtualidade". E *La Construction pratique*: sobre o quadro, Pléiade I, pp. 739-40.

torna possível uma reversão patafísica do tempo: a sucessão das três estases, passado, presente, futuro, dá lugar à *copresença ou simultaneidade* das três estases, ser do passado, ser do presente, ser do futuro. A presença é o ser do presente, mas também o ser do passado e do futuro. A *éthernité*, a *éternidade*, não designa o eterno, mas a doação ou a excreção do tempo, a temporalização do tempo tal como se efetua simultaneamente nessas três dimensões (*Zeit-Raum*). Por isso a máquina começa transformando a *[120]* sucessão em simultaneidade, antes de chegar à última transformação "em reversão", quando o ser do tempo em sua totalidade se converte em Poder-ser, em possibilidade de ser enquanto Porvir. Jarry talvez se recorde de seu professor Bergson quando retoma o tema da Duração, que ele primeiramente define por uma imobilidade na sucessão temporal (conservação do passado), depois como uma exploração do futuro ou uma abertura do porvir: "A Duração é a transformação de uma sucessão em reversão — isto é: o devir de uma memória". É uma reconciliação profunda entre a Máquina e a Duração.[14] Essa reversão constitui igualmente uma reviravolta na relação entre o homem e a máquina: não só os índices de velocidade virtual se invertem ao infinito, a bicicleta tornando-se mais rápida que o trem, como na grande corrida do *Supermacho*, mas a relação do homem com a máquina dá lugar a uma relação da máquina com *o ser do homem* (*Dasein* ou Supermacho), dado que o ser do homem é mais possante que a máquina e consegue "carregá-la". O Supermacho é esse ser do homem que já não conhece a distinção entre homem e mulher, uma vez que a mulher inteira passou para a máquina, sendo absorvida por ela, e só o homem sobrevém como potência celibatária ou poder-ser, emblema da cissiparidade, "longe dos sexos terrestres" e "o primeiro do porvir".[15]

[14] *La Construction pratique*, que expõe o conjunto da teoria do tempo de Jarry: é um texto obscuro e muito belo, que deve ser relacionado tanto com Bergson quanto com Heidegger.

[15] Reportar-se à descrição das máquinas de Jarry, e a seu teor sexual, em *Les Machines célibataires* de Michel Carrouges (Paris, Arcanes, 1954). Re-

III. *O ser se mostra*, mas enquanto não para de retrair-se (passado); *o Mais e Menos que ser advém*, mas enquanto não para de recuar, de se possibilitar (futuro).[16] Isto significa dizer que o ser não se mostra só no ente, mas em algo que mostra seu inevitável retraimento; e o *[121]* mais e menos que ser, em alguma coisa que mostre sua inesgotável possibilidade. Esse alguma coisa, ou a Coisa, é o *Signo*. Com efeito, se é verdade que a ciência ou a técnica já contêm uma possibilidade de salvação, continuam sendo incapazes de desdobrá-la e têm de dar lugar ao Belo e à Arte, que ora prolongam a técnica, coroando-a, como nos gregos, ora a transmutam, a convertem. Segundo Heidegger, o ente técnico (a máquina) já era mais que um objeto, visto que fazia ascender o fundo; mas o ente poético (a Coisa, o Signo) é ainda mais, pois faz sobrevir um mundo enquanto sem-fundo.[17] Nessa passagem da ciência para a arte, nessa reversão da ciência em arte, Heidegger talvez reencontre um problema familiar ao fim do século XIX e que se encontrava de maneira diferente em Renan, outro precursor bretão de Heidegger, no neoimpressionismo, no próprio Jarry. Era igualmente o caminho de Jarry quando desenvolvia sua tese extravagante sobre a anarquia: no fazer-desaparecer, a anarquia só pode operar tecnicamente, com máquinas, ao passo que Jarry prefere o estádio estético do crime e coloca Quincey acima de Vaillant.[18] Em termos

portar-se igualmente ao comentário de Derrida, quando supõe que o *Dasein* segundo Heidegger comporta uma sexualidade, porém irredutível à dualidade que aparece no ente animal ou humano ("Différence sexuelle, différence ontologique", in *Cahier Heidegger*, Paris, L'Herne, 1983).

[16] Segundo Heidegger, o retraimento não concerne só ao ser, mas, num outro sentido, ao *Ereignis*, ao acontecimento. ("O Ereignis é o retraimento não só enquanto destinar mas enquanto Ereignis", *Temps et être*, p. 56). Sobre o Mais e o Menos, sobre o "Menos-em-Mais" e "Mais-em-Menos", cf. Jarry, *César-Antéchrist*, Pléiade I, p. 290.

[17] Sobre as passagens da técnica à arte, a arte sendo aparentada à essência da técnica, ainda que completamente diferente; cf. "La Question de la technique", Heidegger, *Essais et conférences*, pp. 45-7.

[18] Cf. Jarry, *Visions actuelles et futures* e *Être et vie*: o interesse de Jarry pela anarquia é fortalecido por suas relações com Laurent Tailhade e Fé-

mais gerais, segundo Jarry, a máquina técnica faz surgir linhas virtuais que reúnem os componentes atômicos do ente, ao passo que o signo poético desdobra todas as possibilidades ou potências de ser que, reunidos em sua unidade original, constituem "a coisa". Sabemos que Heidegger identificará essa grandiosa natureza do signo com o *Quadripartito*, espelho do mundo, quadratura do anel, Cruz, Quadrante ou Quadro.[19] Mas Jarry já desdobrava o grande Ato heráldico dos quatro arautos, com as blasonarias como espelho e organização do mundo, *Perhinderion*, Cruz de Cristo ou Quadro da Bicicleta *[122]* original, que assegura a passagem da técnica ao Poético[20] — e que apenas faltou a Heidegger reconhecer no jogo do mundo e nas quatro veredas. Era o caso igualmente do "bastão de física": de máquina ou de engenho, torna-se a coisa portadora do signo artista, quando faz cruz consigo mesma "a cada quarto de cada uma de suas revoluções".

O pensamento de Jarry é antes de tudo teoria do Signo: o signo não designa nem significa, mas mostra... É o mesmo que a coisa, porém não é idêntico a ela, mostra-a. Toda a questão é saber como e por que o signo assim compreendido é necessariamente linguístico, ou melhor, em quais condições é ele linguagem.[21] A pri-

néon; mas ele censura a anarquia por substituir "a arte pela ciência" e por confiar à máquina explosiva "o Gesto Belo" (Pléiade I, sobretudo p. 338). Pode-se dizer que também Heidegger vê na máquina nacional-socialista uma passagem em direção à arte?

[19] Heidegger, *Essais et conférences*, "La Chose", pp. 214-7 (François Fédier verte *Das Geviert* por *cadre* ["quadro"], e Marlène Zarader, por *cadran* [quadrante].

[20] No teatro de *César-Antéchrist*, a encenação do mundo é dada por blasonarias, e a decoração, por escudos: o tema do *Quadripartito* aparece nitidamente (Pléiade I, pp. 286-8). Em toda a obra de Jarry, a Cruz quadripartida aparece como o grande signo. O valor da Bicicleta provém do fato de Jarry invocar uma bicicleta original, atingida pelo esquecimento, cujo quadro é uma cruz, "dois tubos perpendicularmente brasonados um sobre o outro" (*La Passion considerée comme course de côte*, Pléiade II, pp. 420-2).

[21] Michel Arrivé insistiu particularmente na teoria do signo em Jarry (*Introduction*, Pléiade I).

meira condição é que se faça uma concepção poética da linguagem, e não técnica ou científica. A ciência supõe a ideia de uma diversidade, *torre de Babel das línguas*, em que seria preciso pôr ordem, apreendendo suas relações virtuais. Porém, ao contrário, em princípio cabe considerar apenas duas línguas, como se fossem únicas no mundo, uma viva e a outra morta, a segunda trabalhando a primeira — aglutinações na segunda inspirando surgimentos ou ressurgimentos na primeira. Dir-se-ia que a língua morta cria anagramas na língua viva. Heidegger atém-se estritamente ao alemão e ao grego (ou ao alto-alemão): faz um grego antigo ou um alemão antigo trabalharem o alemão atual, mas a fim de obter um novo alemão... A antiga língua *afeta* a atual, que produz sob essa condição uma língua ainda por vir: as três estases. O grego antigo é tomado em aglutinações do tipo "legô-digo" e "legô-coleto, recolho", de modo que o alemão "sagen-dizer" recria "sagan-mostrar ajuntando". Ou então a aglutinação "lethê-o esquecimento" e "alethés-o verdadeiro" produzirá no alemão o *[123]* par obsedante "velamento-desvelamento": o exemplo mais célebre. Ou também "chraô-cheir" [tocar-a mão], quase bretão. Ou ainda o antigo saxão "wuon" (residir) em aglutinação com "freien" (poupar, preservar) dará "bauen" (habitar em paz) a partir do sentido corrente de "bauen" [construir]. Parece claro que Jarry não procedia de modo diferente: mas, embora invocasse com frequência o grego, como o atesta a Patafísica, de preferência fazia intervir no francês o latim, ou o francês antigo, ou uma gíria ancestral, ou talvez o bretão, para descobrir um francês do futuro, que encontrava num simbolismo próximo a Mallarmé e a Villiers algo de análogo ao que Heidegger encontrará em Hölderlin.[22] E injetado no francês, "*si vis pacem*" dará "civil", e "indústria", "1, 2, 3": *contra a torre de Babel*, só duas línguas, em que uma trabalha ou intervém na outra para produzir a língua do futuro, Poesia por excelência que

[22] Cf. Henri Béhar, *Les Cultures de Jarry*, Paris, PUF, 1988 (especialmente cap. I sobre a "cultura celta"). Ubu só dá uma ideia restrita do estilo de Jarry: estilo de caráter suntuoso, tal como o que se ouve desde o início de *César-Antechrist* nos três Cristos e nos quatro Pássaros de Ouro.

reluz singularmente na descrição das ilhas do Dr. Faustroll, com suas palavras-música e suas harmonias sonoras.[23]

Chegou até nós a notícia de que nem sequer uma etimologia de Heidegger, nem mesmo Lethê e Alethés, era exata.[24] Mas será que o problema está bem colocado? Acaso todo critério científico de etimologia não foi recusado de antemão, em favor de uma pura e simples Poesia? É de bom-tom dizer-se que se trata apenas de jogos de palavras. Não seria contraditório esperar uma correção linguística qualquer de um projeto que se propõe explicitamente superar o ente científico e técnico rumo ao ente poético? Não se trata de etimologia propriamente dita, mas de operar aglutinações na outra-língua a fim de obter surgimentos em a-língua. Não é com a linguística que cabe comparar empreendimentos como os *[124]* de Heidegger ou Jarry, mas de preferência com os empreendimentos análogos de Roussel, Brisset ou Wolfson. A diferença consiste no seguinte: Wolfson mantém a torre de Babel e se utiliza de todas as línguas menos de *uma* para constituir a língua do futuro na qual aquela deve desaparecer; Roussel, ao contrário, emprega uma única língua, mas nela escava séries homófonas, como o equivalente de uma outra língua, que diria coisas inteiramente diferentes com sons semelhantes; e Brisset se utiliza de uma língua para dela extrair elementos silábicos ou fônicos eventualmente presentes em outras línguas, mas que dizem a mesma coisa e que formam por sua vez a língua secreta da Origem ou do Futuro. Jarry e Heidegger têm ainda um outro procedimento, visto que operam em princípio em duas línguas, fazendo intervir na língua viva uma morta, de modo

[23] Convém reportar-se a um artigo de *La Chandelle verte*, "Ceux pour qui il n'y eut point de Babel" (Pléiade II, pp. 441-3). Jarry resenha um livro de Victor Fournié cujo princípio ele destaca: "O mesmo som ou a mesma sílaba tem sempre o mesmo sentido em todas as línguas". Mas Jarry, por sua vez, não adota exatamente esse princípio: como Heidegger, ele trabalha antes com duas línguas, uma morta e uma viva, uma língua do ser e uma língua do ente, que não se distinguem realmente, porém não deixam de ser eminentemente diferentes.

[24] Cf. as análises de Henri Meschonnic, *Le Langage de Heidegger*, Paris, PUF, 1990.

a transformar, transmudar a viva. Se chamamos *elemento* um abstrato capaz de receber valores muito variáveis, diremos que um elemento linguístico A vem afetar o elemento B de maneira a fazê-lo produzir um elemento C. O afecto (A) produz na língua corrente (B) uma espécie de arrastamento, de gagueira, de tam-tam obsedante, como uma repetição que criasse incessantemente algo novo (C). Sob o impulso do afecto, nossa língua põe-se a turbilhonar e forma uma língua do futuro ao turbilhonar: pareceria uma língua estrangeira, eterno repisamento, mas que salta e pula. Patinamos na questão que gira, mas esse torvelinho é o avanço da língua nova. "*Isto é grego ou negro, Pai Ubu?*"[25] De um elemento a outro, entre a língua antiga e a atual que por ela é afetada, entre a atual e a nova que se forma, entre a nova e a antiga, distâncias, vazios, preenchidos porém por visões imensas, cenas e paisagens insensatas, desdobramento do mundo de Heidegger, desfile das ilhas do Dr. Faustroll ou cadeia das gravuras da revista "l'Ymagier".

Esta é a resposta: a língua não dispõe de signos, mas adquire-os criando-os, quando uma língua' age no interior de uma língua" para nela produzir uma língua"', língua insólita, quase estrangeira. A primeira injeta, a segunda gagueja, a terceira sobressalta. A língua tornou-se então Signo, poesia, e já não *[125]* se pode distinguir entre língua, fala ou palavra. E a língua não está em condições de produzir em seu seio uma língua nova sem que toda a linguagem seja por sua vez conduzida a um limite. O limite da linguagem é a Coisa em sua mudez — a visão. A coisa é o limite da linguagem, como o signo é a língua da coisa. Quando a língua se escava girando na língua, a língua cumpre por fim sua missão, o Signo mostra a Coisa e efetua a enésima potência da linguagem, pois

"coisa alguma seja, ali onde a palavra falha".[26]

[25] Jarry, *Almanach illustré du Père Ubu*, Pléiade I, p. 604.

[26] Citação frequente em *Acheminement vers la parole*, de Heidegger (Paris, Gallimard).

12.
MISTÉRIO DE ARIADNE SEGUNDO NIETZSCHE
[126]

Dioniso canta:

> "Sê prudente, Ariadne!...
> Tens pequenas orelhas, tens minhas orelhas:
> Põe aí uma palavra sensata!
> Não é preciso primeiro odiarmo-nos se devemos nos amar?...
> Sou teu labirinto..."

Assim como outras mulheres estão situadas entre dois homens, Ariadne está entre Teseu e Dioniso. Passa do primeiro ao segundo. Começou odiando Dioniso-Touro. Mas, abandonada por Teseu, a quem não obstante guiou no labirinto, é levada por Dioniso e descobre um outro labirinto. "Quem, além de mim, sabe quem é Ariadne?"[1] Isto significaria: Wagner-Teseu, Cosima-Ariadne, Nietzsche-Dioniso? A questão *quem?* não reclama pessoas, mas forças e quereres.

Teseu bem parece o modelo de um texto de *Zaratustra*, Livro II, "Os sublimes". Trata-se do *herói*, hábil em decifrar enigmas, frequentar o labirinto e vencer o touro. Esse homem sublime prefigura a teoria do homem superior, no Livro IV: é chamado "o penitente do espírito", nome aplicado mais tarde a um dos fragmentos do homem superior (o Feiticeiro). As características do homem sublime coincidem com os atributos do homem superior em geral: espírito de gravidade, pesadume, gosto em carregar fardos, desprezo pela terra, impotência para rir e brincar, empreendimento de vingança.

[1] Nietzsche, *Ecce homo* ("Ainsi parlait Zarathoustra", 8).

Sabe-se que, em Nietzsche, a teoria do homem superior *[127]* é uma crítica que se propõe denunciar a mistificação mais profunda ou perigosa do humanismo. O homem superior pretende levar a humanidade à perfeição, ao acabamento. Pretende recuperar todas as propriedades do homem, superar as alienações, realizar o homem total, pôr o homem no lugar de Deus, fazer do homem uma potência que afirma e que se afirma. Mas na verdade o homem, mesmo superior, não sabe em absoluto o que significa afirmar. Ele apresenta da afirmação uma caricatura, um disfarce ridículos. Acredita que afirmar é carregar, assumir, suportar uma prova, encarregar-se de um fardo. Avalia a positividade conforme o peso daquilo que carrega: confunde a afirmação com o esforço de seus músculos tensos.[2] É real tudo o que pesa, é afirmativo e ativo tudo o que carrega! Por isso os animais do homem superior não são o touro, mas o asno e o camelo, animais do deserto, que habitam a face desolada da Terra e sabem carregar. O touro é vencido por Teseu, homem sublime ou superior. Mas Teseu é muito inferior ao touro, dele só tem a nuca: "Deveria fazer como o touro; e a sua felicidade deveria cheirar a terra e não a deprezo pela terra. Gostaria de vê-lo semelhante ao touro branco, quando, resfolegando e mugindo, precede a relha do arado; e seu mugido ainda deveria ser um louvor a tudo o que é terrestre! ... Quedar-vos com os músculos relaxados e a vontade desatrelada: isto é o mais difícil para todos vós, seres sublimes!".[3] O homem sublime ou superior vence os monstros, expõe os enigmas, porém ignora o enigma e o monstro que ele próprio é. Ignora que afirmar não é carregar, atrelar-se, assumir o que é, mas, ao contrário, desatrelar, livrar, descarregar o que vive. Não carregar a vida com o peso dos valores superiores, mesmo heroicos, porém criar valores novos que façam a vida leve ou afirmativa. "É preciso que ele desaprenda sua vontade de he-

[2] *Zarathoustra*, III, "De l'esprit de lourdeur". E *Par-delà le bien et le mal*, 213: "Pensar e levar uma coisa a sério, assumir-lhe o peso, é para eles uma única e mesma coisa, não têm disso outra experiência".

[3] *Zarathoustra*, II, "Les Sublimes" [trad. bras.: Mário da Silva, Rio de Janeiro, Civilização Brasileira, 1977, também para as demais citações da mesma obra, salvo ligeiras modificações. (N. do T.)].

roísmo, quero que se sinta à vontade nas alturas, e não só subindo alto." Teseu não compreende que o touro (ou o rinoceronte) possui a única superioridade verdadeira: prodigiosa besta leve no fundo do labirinto, mas que *[128]* se sente igualmente à vontade nas alturas, besta que desatrela e afirma a vida.

Segundo Nietzsche, a vontade de potência tem duas tonalidades: a afirmação e a negação; as forças têm duas qualidades: a ação e a reação. O que o homem superior apresenta como sendo a afirmação é, sem dúvida, o ser mais profundo do homem, mas é apenas a combinação extrema da negação com a reação, da vontade negativa com a força reativa, do niilismo com a má consciência e o ressentimento. Os produtos do niilismo é que se fazem carregar, as forças reativas é que carregam. Daí a ilusão de uma falsa afirmação. O homem superior invoca o conhecimento: ele pretende explorar o labirinto ou a floresta do conhecimento. Mas o conhecimento é só disfarce da moralidade; o fio no labirinto é o fio moral. A moral, por sua vez, é um labirinto: disfarce do ideal ascético e religioso. Do ideal ascético ao ideal moral, do ideal moral ao ideal de conhecimento: é sempre o mesmo empreendimento que se persegue, o de matar o touro, isto é, negar a vida, esmagá-la sob um peso, reduzi-la às suas forças reativas. O homem sublime já nem precisa de um Deus para atrelar o homem. O homem acaba substituindo Deus pelo humanismo; o ideal ascético, pelo ideal moral e de conhecimento. O homem se carrega a si mesmo, ele se atrela sozinho, em nome dos valores heroicos, em nome dos valores do homem.

O homem superior são vários: o adivinho, os dois reis, o homem da sanguessuga, o feiticeiro, o último papa, o mais feio dos homens, o mendigo voluntário e a sombra. Eles formam uma teoria, uma série, uma farândola. Isso porque se distinguem segundo o lugar que ocupam ao longo do fio, segundo a forma do ideal, segundo seu peso específico de reativo e sua tonalidade de negativo. Mas são a mesma coisa: são as potências do falso, um desfile de falsários, como se o falso remetesse necessariamente ao falso. Mesmo o homem verídico é um falsário, já que oculta os motivos pelos quais quer o verdadeiro, sua sombria paixão por condenar a vida. Talvez só Melville seja comparável a Nietzsche, por ter criado uma prodigiosa cadeia de falsários, homens superiores que emanam do "grande Cosmopolita", onde cada um garante e até denuncia a trapaça do outro, mas sempre de *[129]* modo a relançar a potência do falso.[4] O falso não estaria já no modelo, no homem verídico, tanto quanto nas simulações?

Enquanto Ariadne ama Teseu, ela participa desse empreendimento de negação da vida. Sob suas falsas aparências de afirmação, Teseu — o modelo — é o poder de negar, o Espírito de negação, o grande escroque. Ariadne é a Ânima, a Alma, mas a alma reativa ou a força do ressentimento. Sua esplêndida canção é ainda um lamento e, em Zaratustra, onde aparece pela primeira vez, é colocada na boca do Feiticeiro: falsário por excelência, velho abjeto que se enfeita com uma máscara de mocinha. Ariadne é a irmã, mas a irmã que experimenta o ressentimento contra seu irmão, o touro. Toda a obra de Nietzsche é atravessada por um apelo patético: desconfiem das irmãs. Ariadne é quem segura o fio no labirinto, o fio da moralidade. Ariadne é a Aranha, a tarântula. Uma vez mais Nietzsche lança um apelo: "Enforcai-vos com esse fio!".[5] Será preciso que a própria Ariadne realize essa profecia (em certas tradições, Ariadne abandonada por Teseu não deixa de enforcar-se).[6]

Mas o que significa: Ariadne abandonada por Teseu? É que a combinação da vontade negativa com a força de reação, do espírito de negação com a alma reativa, não é a última palavra do niilismo. Chega o momento em que a vontade de negação rompe sua aliança com as forças de reação, abandona-as e até volta-se contra elas. Ariadne se enforca, Ariadne quer perecer. Ora, é esse momento fundamental ("meia-noite") que anuncia uma dupla transmutação, como se o niilismo acabado desse lugar ao seu contrário: as forças reativas, ao serem elas mesmas negadas, tornam-

[4] Herman Melville, *The Confidence-man* (*Le Grand escroc*, Paris, Minuit, 1950 [trad. bras.: Eliana Sabino, *O vigarista: seus truques*, Rio de Janeiro, Editora 34, 1992. (N. do T.)]).

[5] Nietzsche, *La Volonté de puissance*, Paris, Gallimard (tradução de Geneviève Bianquis), II, Livro 3, par. 408.

[6] Henri Jeanmaire, *Dionysos*, Paris, Payot, p. 233.

-se ativas; a negação se transforma, converte-se no trovão de uma afirmação pura, o modo polêmico e lúdico de uma vontade que afirma e se põe a serviço de um excedente da vida. O niilismo "vencido por si mesmo". Nossa intenção não é analisar tal transmutação do niilismo, essa dupla conversão, mas só investigar como o mito de Ariadne o exprime. Abandonada por Teseu, Ariadne sente que Dioniso se aproxima. Dioniso-touro é a afirmação pura e múltipla, a verdadeira afirmação, a vontade *[130]* afirmativa; ele nada carrega, não se encarrega de nada, mas alivia tudo o que vive. Sabe fazer aquilo que o homem superior não sabe: rir, brincar, dançar, isto é, afirmar. Ele é o Leve, que não se reconhece no homem, sobretudo no homem superior ou no herói sublime, mas só no além-do-homem, no além-do-herói, em outra coisa que não o homem. Era preciso que Ariadne fosse abandonada por Teseu: "É este, com efeito, o segredo da Alma: somente depois que o herói a deixou, dela se acerca, em sonho — o além-do-herói!".[7] Sob a carícia de Dioniso, a alma torna-se ativa. Era tão pesada com Teseu, mas se alivia com Dioniso, descarregada, adelgaçada, alçada ao céu. Sabe que aquilo que outrora acreditava ser uma atividade não passava de um empreendimento de vingança, desconfiança e vigilância (o fio), reação da má consciência e do ressentimento; e, mais profundamente, o que acreditava ser uma afirmação não passava de um disfarce, uma manifestação do pesadume, uma maneira de acreditar-se forte porque se carrega e se assume. Ariadne compreende sua decepção: Teseu nem sequer era um verdadeiro grego, mas antes uma espécie de alemão — mesmo que o termo não existisse ainda— quando se pensava que se ia encontrar um grego.[8] Mas Ariadne compreende sua decepção num momento em que já deixou de preocupar-se: Dioniso, que é um verdadeiro grego, se aproxima; a Alma torna-se ativa, ao mesmo tempo que o Espírito revela a verdadeira natureza da afirmação. A canção de Ariadne adquire então todo o seu sentido: transmutação de Ariadne dian-

[7] *Zarathoustra*, II, "Les Sublimes".

[8] Fragmento de um prefácio a *Humain, trop humain*, 10. Cf. também a intervenção de Ariadne em *La Volonté de puissance*, I, Livro 2, par. 226.

te da aproximação de Dioniso, sendo Ariadne a Ânima que agora corresponde ao Espírito que diz sim. Dioniso acrescenta uma última estrofe à canção de Ariadne, que se torna ditirambo. Conforme o método geral de Nietzsche, a canção muda de natureza e de sentido conforme quem a cante, o feiticeiro sob a máscara de Ariadne, a própria Ariadne no ouvido de Dioniso.

Por que Dioniso tem necessidade de Ariadne, ou de ser amado? Ele canta uma canção de solidão, reclama uma noiva.[9] É que Dioniso é o deus da afirmação; ora, é necessária uma segunda afirmação para que a própria afirmação seja afirmada. É preciso que ela se desdobre para poder redobrar. Nietzsche *[131]* distingue claramente as duas afirmações quando diz: "Eterna afirmação do ser, eternamente sou tua afirmação".[10] Dioniso é a afirmação do Ser, mas Ariadne é a afirmação da afirmação, a segunda afirmação ou o devir-ativo. Desse ponto de vista, todos os símbolos de Ariadne mudam de sentido quando são referidos a Dioniso, em vez de serem deformados por Teseu. Não só a canção de Ariadne deixa de ser a expressão do ressentimento para tornar-se uma pesquisa ativa, uma questão que já afirma ("Quem és... É *a mim* que tu queres, a mim? A mim — totalmente?"); mas o labirinto já não é o labirinto do conhecimento e da moral, o labirinto já não é o caminho tomado por quem, segurando o fio, vai matar o touro. O labirinto tornou-se o próprio touro branco, Dioniso-touro: "Sou o teu labirinto". Mais precisamente, o labirinto agora é a orelha de Dioniso, a orelha labiríntica. Ariadne precisa ter orelhas como as de Dioniso, a fim de ouvir a afirmação dionisíaca, mas também precisa responder à afirmação ao ouvido do próprio Dioniso. Dioniso diz a Ariadne: "Tens pequenas orelhas, tens minhas orelhas, põe aí uma palavra sensata", sim. Ocorre ainda a Dioniso dizer a Ariadne, por brincadeira: "Por que tuas orelhas não são ainda mais longas?".[11] Dioniso lhe recorda assim seus erros, quando ela ama-

[9] *Zarathoustra*, II, "Le Chant de la nuit".

[10] *Dithyrambes dionysiaques*, "Gloire et eternité".

[11] *Crépuscule des Idoles*, "Ce que les Allemands sont en train de perdre", 19.

va Teseu: acreditava que afirmar era carregar um peso, fazer como o asno. Na verdade, porém, com Dioniso Ariadne adquiriu pequenas orelhas: a orelha redonda, propícia ao eterno retorno.

O labirinto já não é arquitetônico, tornou-se sonoro e musical. Schopenhauer definia a arquitetura em função de duas forças, a de sustentar e ser sustentado, suporte e carga, mesmo se tendem a confundir-se. Mas a música surge no polo oposto, à medida que Nietzsche vai se separando do velho falsário, Wagner, o feiticeiro: ela é o Leve, pura ausência de gravidade.[12] Toda a história triangular de Ariadne não daria testemunho de uma leveza antiwagneriana, mais próxima de Offenbach e Strauss do que de Wagner? Cabe essencialmente a Dioniso músico *[132]* fazer dançarem os tetos, oscilarem as vigas.[13] Sem dúvida, também do lado de Apolo existe música, bem como do de Teseu; mas é uma música que se distribui segundo os territórios, os meios, as atividades, os etos: um canto de trabalho, um canto de marcha, um canto de dança, um canto ao repouso, um canto à bebida, uma cantiga de ninar..., quase pequenos "refrões", cada um com seu próprio peso.[14] Para que a música se libere será preciso passar para o outro lado, ali onde os territórios tremem ou as arquiteturas desmoronam, onde os etos se misturam, onde se desprende um poderoso canto da Terra, o grande ritornelo que transmuta todas as toadas que leva consigo e faz retornar.[15] *Dioniso já não conhece outra arquitetura senão a dos percursos e trajetos*. Já não era próprio do *lied* sair do território ao apelo ou ao sopro da Terra? Cada um dos homens superiores abandona seu domínio e se dirige rumo à gruta de Zaratustra. Mas só o ditirambo se estende sobre a Terra e a esposa por inteiro. Dioniso já não tem território porque por toda parte está

[12] *Le Cas Wagner*.

[13] Cf. Marcel Detienne, *Dionysos à ciel ouvert*, Paris, Hachette, 1986, pp. 80-1 (e *As bacantes* de Eurípides).

[14] Aos próprios animais Zaratustra diz: o Eterno Retorno, "vocês já fizeram disso um refrão" (III, "Le Convalescent", par. 2).

[15] Cf. as diferentes estrofes de "Sept sceaux", *Zarathoustra*, III.

sobre a Terra.[16] O labirinto sonoro é o canto da Terra, o Ritornelo, o eterno retorno em pessoa.

Mas por que opor os dois lados como o verdadeiro e o falso? Não se trata, em ambos os lados, da mesma potência do falso, e não será Dioniso um grande falsário, o maior "de verdade", o Cosmopolita? Acaso não é a arte a mais elevada potência do falso? Entre o alto e o baixo, de um lado a outro, há uma diferença considerável, uma distância que deve ser afirmada. É que a aranha sempre refaz sua teia, e o escorpião não deixa de picar; cada homem superior está preso à própria proeza, que ele repete como um número de circo (é exatamente como o Livro IV de *Zaratustra* está organizado, à maneira de uma gala dos Incomparáveis em Raymond Roussel, ou um espetáculo de marionetes, uma opereta). É que cada um desses mímicos tem um modelo invariável, uma forma fixa, que sempre podemos chamar de verdadeira, embora ela seja tão *[133]* "falsa" quanto suas reproduções. É como o falsário em pintura: o que ele copia do pintor original é uma forma determinável tão falsa quanto as cópias; o que ele deixa escapar é a metamorfose ou a transformação do original, a impossibilidade de atribuir-lhe uma forma qualquer, em suma, a criação. Por esse motivo os homens superiores são apenas *os mais baixos graus* da vontade de potência: "Possa transpor-vos gente superior a vós! Representais degraus".[17] Com eles a vontade de potência representa tão somente um querer-enganar, um querer-pegar, um querer-dominar uma vida doente esgotada que brande próteses. Mesmo seus papéis são próteses para manter-se em pé. Só Dioniso, o artista criador, atinge a potência das metamorfoses que o faz devir, dando testemunho de uma vida que jorra; *ele eleva a potência do falso a um grau que se efetua não mais na forma, porém na transformação* — "virtude que dá", ou criação de possibilidades de vida: transmutação. A vontade de potência é como a energia; chama-se nobre aquela que

[16] Sobre a questão do "santuário", isto é, do território do Deus, cf. Henri Jeanmaire, p. 193 ("Está em toda parte e, contudo, em lugar algum está em casa [...] Mais se insinuou do que se impôs [...]").

[17] *Zarathoustra*, IV, "La Salutation".

é apta a transformar-se. São vis, ou baixos, aqueles que só sabem disfarçar-se, travestir-se, isto é, tomar uma forma e manter-se numa forma sempre a mesma.

Para Ariadne, passar de Teseu a Dioniso é uma questão de clínica, de saúde e de cura. Para Dioniso também. Dioniso precisa de Ariadne. Dioniso é a afirmação pura; Ariadne é a Ânima, a afirmação desdobrada, o "sim" que responde ao "sim". Mas, desdobrada, a afirmação retorna a Dioniso como afirmação que redobra. É bem nesse sentido que o Eterno Retorno é o produto da união entre Dioniso e Ariadne. Enquanto está só, Dioniso ainda tem medo do pensamento do Eterno Retorno, pois teme que este traga de volta as forças reativas, o empreendimento de negação da vida, o homem pequeno (ainda que superior ou sublime). Mas quando a afirmação dionisíaca encontra em Ariadne seu pleno desenvolvimento, Dioniso por seu turno aprende algo novo: que o pensamento do Eterno Retorno é consolador, assim como o próprio Eterno Retorno é seletivo. O Eterno Retorno é inseparável de uma transmutação. Ser do devir, o Eterno Retorno é o produto de uma dupla afirmação que faz retornar o que *[134]* se afirma e só faz devir o que é ativo. Nem as forças reativas nem a vontade de negar retornarão: são eliminadas pela transmutação, pelo Eterno retorno que seleciona. Ariadne esqueceu Teseu, já nem sequer é uma má recordação. Teseu jamais retornará. O Eterno Retorno é ativo e afirmativo; é a união de Dioniso e Ariadne. Por isso Nietzsche o compara não só à orelha circular mas ao anel nupcial. Assim o labirinto é o anel, a orelha, o próprio Eterno Retorno que se diz do que é ativo ou afirmativo. O labirinto já não é o caminho no qual nos perdemos, porém o caminho que retorna. O labirinto já não é o do conhecimento e da moral, e sim o da vida e do Ser como vivente. Quanto ao produto da união de Dioniso com Ariadne, é o além-do-homem ou o além-do-herói, o contrário do homem superior. O além-do-homem é o vivente das cavernas e dos cumes, a única criança que se concebe pela orelha, o filho de Ariadne e do Touro.

13. GAGUEJOU... *[135]*

Diz-se que os maus romancistas sentem a necessidade de variar seus indicativos de diálogo, substituindo o "disse" por expressões como "murmurou", "balbuciou", "soluçou", "escarneceu", "gritou", "gaguejou"... para marcar as entonações. A bem da verdade, parece que em relação a essas entonações o escritor só tem duas possibilidades: ou *fazê-lo* (como Balzac, que efetivamente fazia o pai Grandet gaguejar quando este tratava de algum assunto ou fazia Nucingen falar num dialeto que deforma, e em cada caso sentimos o prazer de Balzac), ou então *dizê-lo sem fazê-lo*, contentar-se com uma simples indicação que se deixa ao leitor o cuidado de efetuar: como os heróis de Masoch, que não param de murmurar, e sua voz *tem de* ser um murmúrio apenas audível; Isabel, de Melville, possui uma voz que não deve exceder o murmúrio, e o angelical Billy Budd não se comove sem que o leitor deva restituir-lhe sua "gagueira ou até pior"; Gregor, em Kafka, pia mais do que fala, porém isso segundo o testemunho de terceiros.

Parece, contudo, que há uma terceira possibilidade: quando *dizer é fazer*... É o que acontece quando a gagueira já não incide sobre palavras preexistentes, mas ela própria introduz as palavras que ela afeta; estas já não existem separadas da gagueira que as seleciona e as liga por conta própria. Não é mais o personagem que é gago de fala, é o escritor que se torna *gago da língua*: ele faz gaguejar *a língua enquanto tal*. Uma linguagem afetiva, intensiva, e não mais uma afecção daquele que fala. Uma tal operação poética parece muito distante dos casos precedentes, mas talvez menos do que se acredita em relação ao segundo caso. Com efeito, quando o autor se contenta com uma indicação exterior, *[136]* que deixa intacta a *forma de expressão* ("gaguejou..."), sua eficácia dificilmente seria compreensível se uma *forma de conteúdo* correspondente, uma qualidade atmosférica, um meio condutor de palavras, não recolhesse por sua vez o tremido, o murmurado, o gaguejado, o trêmulo, o vibrato, e não reverberasse nas palavras o afecto indicado. Ao menos é o que ocorre nos grandes escritores como Melville, onde o rumor das florestas e das cavernas, o silêncio da casa, a presença do violão testemunham em favor do murmúrio de Isabel e de suas doces "entonações estranhas"; ou Kafka, que confirma o pio de Gregor por meio do tremor de suas patas e das oscilações de seu corpo; ou mesmo Masoch, que duplica o balbucio de seus personagens com os pesados suspenses de um quarto de vestir, os rumores da cidade ou as vibrações da estepe. Os afectos da língua são aqui o objeto de uma efetuação indireta, porém próxima do que acontece diretamente, quando já não há outros personagens além das próprias palavras. "O que queria dizer minha família? Não sei. Ela era gaga de nascença, e no entanto tinha algo a dizer. Sobre mim e sobre muitos de meus contemporâneos pesa a gagueira de nascença. Aprendemos não a falar, mas a balbuciar, e só pondo-nos à escuta do barulho crescente do século, e uma vez embranquecidos pela espuma de sua crista, é que adquirimos uma língua."[1]

Será possível fazer a língua gaguejar sem confundi-la com a fala? Tudo depende, na verdade, da maneira pela qual se considera a língua: se a tomamos como um sistema homogêneo em equilíbrio, ou próximo do equilíbrio, definido por termos e relações constantes, é evidente que os desequilíbrios ou as variações só afetarão as palavras (variações não pertinentes do tipo entonação...). Mas se o sistema se apresenta em desequilíbrio perpétuo, em bifurcação, com termos que por sua vez percorrem, cada qual, uma zona de variação contínua, então a própria língua põe-se a vibrar, a gaguejar, sem contudo confundir-se com a fala, que sempre assume apenas uma posição variável entre outras, ou toma uma única direção. Nesse caso, a língua só se confunde com a fala quando se

[1] Ossip Mandelstam, *Le Bruit du temps*, Lausanne, L'Âge d'Homme, 1972, p. 77.

trata de uma fala muito especial, fala poética, *[137]* que efetua toda a potência de bifurcação e de variação, de heterogênese e de modulação própria da língua. Por exemplo, o linguista Guillaume considera cada termo da língua não como uma constante em relação com outras, mas como uma série de posições diferenciais ou pontos de vista tomados num dinamismo assinalável: o artigo indefinido "um" percorrerá toda a zona de variação compreendida num movimento de particularização, e o artigo definido "o", toda a zona compreendida num movimento de generalização.[2] É uma gagueira, cada posição de "um" ou de "o" constituindo uma vibração. A língua treme de alto a baixo. Há aí o princípio de uma compreensão poética da própria língua: é como se a língua estendesse uma linha abstrata infinitamente variada. A questão se coloca da seguinte maneira, mesmo em função da ciência pura: pode-se progredir se não se entra em *regiões distantes do equilíbrio*? A física dá testemunho disso. Keynes faz progredir a economia política, mas porque a submete a uma situação de *boom* e não mais de equilíbrio. É a única maneira de introduzir o desejo no campo correspondente. Então, colocar a língua em estado de *boom*, próximo do *krach*? Admira-se Dante por ter "escutado os gagos", estudado todos os "defeitos de elocução", não só para deles extrair efeitos de fala mas para empreender uma vasta criação fonética, lexical e até sintática.[3]

Não se trata de uma situação de bilinguismo ou de multilinguismo. Pode-se conceber que duas línguas se misturem, com passagens incessantes de uma à outra; cada uma continua sendo um sistema homogêneo em equilíbrio, e a mistura se faz em falas. Mas não é desse modo que os grandes escritores procedem, embora Kafka seja um tcheco escrevendo em alemão, Beckett um irlandês escrevendo (com frequência) em francês, etc. Eles não misturam

[2] Cf. Gustave Guillaume, *Langage et science du langage*, Québec, Les Presses de l'Université Laval, 1964. Não são só os artigos em geral, nem os verbos em geral, que dispõem de dinamismos como de zonas de variação, mas cada verbo, cada substantivo em particular, por sua conta.

[3] Ossip Mandelstam, *Entretien sur Dante*, Genebra, La Dogana, 1989, par. 8.

duas línguas, nem sequer uma língua menor e uma língua maior, embora muitos deles sejam ligados a minorias como ao signo de sua *[138]* vocação. O que fazem é antes inventar um *uso menor* da língua maior na qual se expressam inteiramente; eles *minoram* essa língua, como em música, onde o modo menor designa combinações dinâmicas em perpétuo desequilíbrio. São grandes à força de minorar: eles fazem a língua fugir, fazem-na deslizar numa linha de feitiçaria e não param de desequilibrá-la, de fazê-la bifurcar e variar em cada um de seus termos, segundo uma incessante modulação. Isso excede as possibilidades da fala e atinge o poder da língua e mesmo da linguagem. Equivale a dizer que um grande escritor sempre se encontra como um estrangeiro na língua em que se exprime, mesmo quando é a sua língua natal. No limite, ele toma suas forças numa minoria muda desconhecida, que só a ele pertence. É um estrangeiro em sua própria língua: não mistura outra língua à sua, e sim talha *na* sua língua uma língua estrangeira que não preexiste. Fazer a língua gritar, gaguejar, balbuciar, murmurar em si mesma. Que elogio mais belo do que o de um crítico dizendo de *Os sete pilares da sabedoria*: isto não é inglês. Lawrence fazia tropeçar o inglês para dele extrair músicas e visões da Arábia. E Kleist, que língua despertava ele no fundo do alemão, à força de rictos, lapsos, rangidos, sons inarticulados, ligações estiradas, precipitações e desacelerações brutais, expondo-se ao risco de suscitar o horror de Goethe, o maior representante da língua maior, e para atingir fins na verdade estranhos, visões petrificadas, músicas vertiginosas.[4]

A língua está submetida a um duplo processo, o das escolhas a serem feitas e o das sequências a serem estabelecidas: a disjunção ou seleção dos semelhantes, a conexão ou consecução dos combináveis. Enquanto a língua for considerada um sistema em equilíbrio, as disjunções são necessariamente exclusivas (não se diz ao mesmo tempo "paixão", "ração", "nação", é preciso escolher), e

[4] Pierre Blanchard é um dos raros tradutores de Kleist que soube colocar o problema do estilo: cf. *Le Duel*, Paris, Presses Pocket, 1989. Esse problema pode ser estendido a toda tradução de um grande escritor: é evidente que a tradução é uma traição se toma por modelo normas de equilíbrio da língua *standard* que traduz.

as conexões, progressivas (não se combina uma palavra com seus elementos, numa espécie de parada ou de movimento para frente e para trás). Mas eis que, longe do equilíbrio, *as disjunções [139] tornam-se inclusas, inclusivas, e as conexões, reflexivas*, segundo um andamento irregular que concerne ao processo da língua e não mais ao curso da fala. Cada palavra se divide, mas em si mesma (*pas-rats, passions-rations* — não-rato, paixões-rações) e se combina, mas consigo mesma (*pas-passe-passion* — não-passa-paixão). É como se a língua inteira se pusesse em movimento, à direita e à esquerda, e balouçasse, para trás e para a frente: *as duas gagueiras*. Se a fala de Ghérasim Luca é tão eminentemente poética, é porque faz da gagueira um afecto da língua, não uma afecção da fala. A língua inteira desliza e varia a fim de desprender um bloco sonoro último, um único sopro no limite do grito JE T'AIME PASSIONÉMENT [Eu te amo apaixonadamente].

> "Passioné nez passionem je
> je t'ai je t'aime je
> je je jet je t'ai jetez
> je t'aime passionem t'aime."[5]

Luca o romeno, Beckett o irlandês. Beckett levou ao mais alto grau a arte das disjunções inclusas, que já não seleciona, porém afirma os termos disjuntos através de sua distância, sem limitar um pelo outro nem excluir o outro do um, esquadrinhando e percorrendo o conjunto de toda possibilidade. Assim, em *Watt*, a maneira como o Sr. Knott se calça, se desloca no quarto ou muda sua mobília.[6] É verdade que em Beckett essas disjunções afirmativas dizem respeito, no mais das vezes, ao aspecto ou ao andamento dos personagens: a inefável maneira de caminhar, toda bamboleante e on-

[5] Essas observações remetem ao célebre poema de Ghérasim Luca, "Passionément" (*Le Chant de la carpe*). A obra de Luca foi reeditada pela Éditions José Corti, de Paris.

[6] Cf. François Martel, "Jeux formels dans *Watt*", *Poétique*, nº 10, Paris, 1972.

dulatória. Mas é que ocorre a transferência: da forma de expressão a uma forma de conteúdo. Podemos restituir melhor a passagem inversa supondo que falam como andam ou tropeçam: um não é menos movimento que o outro, e um ultrapassa a fala em direção à língua, assim como o outro ultrapassa o organismo em direção a um corpo sem órgãos. Encontramos a confirmação disso num poema de Beckett, que dessa vez diz respeito às conexões da língua e faz da gagueira a potência *[140]* poética ou linguística por excelência.[7] Diferente dos procedimentos de Luca, o de Beckett consiste no seguinte: ele se instala no meio da frase, faz a frase crescer pelo meio, acrescentando partícula a partícula (*que desse, esse isso-aqui, longe ali lá longe quase quê...*) para pilotar um bloco de um único sopro que expira (*queria crer entrever quê...*). A gagueira criadora é o que faz a língua crescer pelo meio, como a grama, o que faz da língua um rizoma em vez de uma árvore, o que coloca a língua em perpétuo desequilíbrio: *Mal visto mal dito* (conteúdo e expressão). Tanto é assim que dizer bem nunca foi próprio nem a preocupação dos grandes escritores.

Há várias maneiras de crescer pelo meio ou de gaguejar. Péguy não procede necessariamente por partículas a-significantes, e sim por termos altamente significativos, substantivos dos quais cada um vai definir uma zona de variação até a vizinhança de outro, que determina outra zona (*Mater purissima, castissima, inviolata, Virgo potens, clemens, fidelis*). As retomadas de Péguy conferem às palavras uma espessura vertical que faz com que recomecem perpetuamente o "irrecomeçável". Em Péguy a gagueira desposa tão bem a língua que deixa as palavras intactas, completas e normais, mas serve-se delas como se fossem os membros disjuntos e decompostos de uma gagueira sobre-humana. É como um gago contrariado. Em Roussel o procedimento é ainda outro, pois a gagueira incide não mais sobre partículas ou termos completos, porém sobre proposições, sempre inseridas no meio da frase, e cada uma dentro da anterior, segundo um sistema proliferante de parênteses: "Este crescimento interno não podia deixar de ser, em cada um

[7] Beckett, "Comment dire", *Poèmes*, Paris, Minuit, 1978.

desses impulsos, absolutamente perturbador para a linguagem que dilatava; a invenção de cada verso era destruição do conjunto e prescrição de reconstruí-lo".[8]

Trata-se, pois, de uma variação ramificada da língua. Cada estado de variável é uma posição sobre uma linha de crista que bifurca e se prolonga em outras. É uma linha sintática, pois a sintaxe é constituída pelas curvaturas, os anéis, as viradas, *[141]* os desvios dessa linha dinâmica, na medida em que passa por algumas posições, do duplo ponto de vista das disjunções e das conexões. Já não é a sintaxe formal ou superficial que regula os equilíbrios da língua, porém uma sintaxe em devir, uma criação de sintaxe que faz nascer a língua estrangeira na língua, uma gramática do desequilíbrio. Nesse sentido, porém, ela é inseparável de um fim, tende a um limite que não é ele mesmo sintático ou gramatical, mesmo quando ainda parece sê-lo formalmente: assim, a fórmula de Luca "eu te amo apaixonadamente", que explode como um grito no fim das longas séries gaguejantes (ou então o "prefiro não" de *Bartleby*, que chegou a absorver todas as variações prévias, ou o "*he danced his did*" em Cummings, que se destaca de variações supostamente apenas virtuais). Tais expressões são tomadas como palavras inarticuladas, blocos de um único sopro. Acontece de esse limite final abandonar toda aparência gramatical para surgir em estado bruto, precisamente nas palavras-sopro de Artaud: a sintaxe desviante de Artaud, na medida em que se propõe forçar a língua francesa, encontra a destinação de sua tensão própria nesses sopros ou nessas puras intensidades que marcam um limite da linguagem. Ou às vezes não é no mesmo livro: em Céline, *Viagem ao fundo da noite* coloca a língua natal em desequilíbrio, *Morte a crédito* desenvolve a nova sintaxe em variações afetivas, enquanto *Guignol's Band* encontra o fim último, frases exclamativas e suspensões que depõem qualquer sintaxe em proveito de uma pura dança das palavras. Nem por isso os dois aspectos deixam de ser correlativos: o tensor e o limite, a tensão na língua e o limite da linguagem.

[8] Sobre esse procedimento das *Nouvelles impressions d'Afrique*, cf. Foucault, *Raymond Roussel*, Paris, Gallimard, p. 164.

Ambos os aspectos se realizam segundo uma infinidade de tonalidades, mas sempre juntos: um limite da linguagem que tensiona toda a língua, uma linha de variação ou de modulação tensionada que conduz a língua a esse limite. E assim como a nova língua não é exterior à língua, tampouco o limite assintático é exterior à linguagem: ela é *o fora* da linguagem, não está fora dela. É uma pintura ou uma música, mas uma música de palavras, uma pintura com palavras, um silêncio nas palavras, como se as palavras agora regurgitassem seu conteúdo, visão grandiosa ou audição sublime. O específico nos desenhos e pinturas dos grandes escritores *[142]* (Hugo, Michaux...) não é que essas obras sejam literárias, pois não o são em absoluto; elas chegam a puras visões, que não obstante referem-se ainda à linguagem na medida em que dela constituem a finalidade última, um fora, um avesso, um reverso, mancha de tinta ou escrita ilegível. As palavras pintam e cantam, mas no limite do caminho que traçam dividem-se e se compõem. As palavras fazem silêncio. O violino da irmã substitui o pio de Gregor, e o violão reflete o murmúrio de Isabel; uma melodia de pássaro cantor agonizante sobrepuja a gagueira de Billy Budd, o doce "bárbaro". *Quando a língua está tão tensionda* a ponto de gaguejar ou de murmurar, balbuciar..., *a linguagem inteira atinge o limite* que desenha o seu fora e se confronta com o silêncio. Quando a língua está assim tensionada, a linguagem sofre uma pressão que a devolve ao silêncio. O estilo — a língua estrangeira na língua — é composto por essas duas operações, ou seria preciso falar de não-estilo, como Proust, dos "elementos de um estilo por vir que não existe"? O estilo é a economia da língua.[9] Face a face, ou face e costas, fazer a língua gaguejar e ao mesmo tempo levar a língua ao seu limite, ao seu fora, ao seu silêncio. Seria como o *boom* e o *krach*.

Cada qual em sua língua pode expor recordações, inventar histórias, enunciar opiniões; por vezes até adquire um belo estilo, que lhe proporciona os meios adequados e o converte num escritor apreciado. Mas, quando se trata de escavar por baixo das his-

[9] Sobre o problema do estilo, sua relação com a língua e seus dois aspectos, cf. Giorgio Passerone, *La linea astratta*, Milão, Guerini, 1991.

tórias, de rachar as opiniões e de atingir as regiões sem memórias, quando é preciso destruir o eu, certamente não basta ser um "grande" escritor, e os meios permanecem para sempre inadequados, o estilo torna-se não-estilo, a língua deixa escapar uma língua estrangeira desconhecida, para atingir-se os limites da linguagem e tornar-se outra coisa que não escritor, conquistando visões fragmentadas que passam pelas palavras de um poeta, pelas cores de um pintor ou os sons de um músico. "O leitor só verá desfilar *os meios inadequados*: fragmentos, alusões, esforços, pesquisas, e que não se tente encontrar aí uma frase bem limada, ou uma imagem perfeitamente coerente; o que se imprimirá nas páginas é uma palavra embaraçada, uma *[143]* gagueira..."[10] A obra gaguejante de Biély, *Kotik Letaiev*, lançada num devir-criança que não é eu, mas cosmos, explosão de mundo: uma infância que não é a minha, que não é uma recordação, mas um bloco, um fragmento anônimo infinito, um devir sempre contemporâneo.[11] Biély, Mandelstam, Khlébnikov, trindade russa três vezes gaga e três vezes crucificada.

[10] Andréi Biély, *Carnets d'un toqué*, Lausanne, L'Âge d'Homme, 1991, p. 50. E *Kotik Letaiev* (Lausanne, L'Âge d'Homme, 1973). Reportar-se, nesses dois livros, aos comentários de Georges Nivat (especialmente sobre a língua e o procedimento de "variação sobre uma raiz semântica", cf. *Kotik Letaiev*, p. 284).

[11] Lyotard dá precisamente o nome de "infância" a esse movimento que arrasta a língua e traça um limite sempre repelido da linguagem: "*Infantia*, o que não se fala. Uma infância que não é uma idade da vida e que não passa. Ela assedia o discurso [...] O que não se deixa escrever, no escrito, talvez faça apelo a um leitor que não sabe mais, ou ainda, ler" (*Lectures d'enfance*, Paris, Galilée, 1991, p. 9).

14. A HONRA E A GLÓRIA: T. E. LAWRENCE

[144]

O deserto e sua percepção, ou a percepção dos árabes no deserto, parecem passar por momentos goethianos. Primeiro existe a luz, embora ela ainda não seja percebida. Ela é antes o transparente puro, invisível, incolor, informal, intocável. É a Ideia, o Deus dos árabes. Mas a Ideia, ou o abstrato, não tem transcendência. A Ideia se propaga no espaço, é como o Aberto: "Mais além já não havia nada, exceto o ar transparente".[1] A luz é a abertura que faz o espaço. As Ideias são forças que se exercem no espaço segundo direções de movimento: entidades, hipóstases, não-transcendências. A revolta, a rebelião é luz porque é espaço (trata-se de propagar-se no espaço, de abrir o máximo de espaço possível) e porque é Ideia (o essencial é a pregação). Os homens da rebelião são o profeta e o cavaleiro errante, Fayçal e Auda, o que prega a Ideia e o que percorre o espaço.[2] O "Movimento": é assim que se denomina a revolta.

A bruma, a bruma solar é que vai preencher o espaço. A própria rebelião é um gás, um vapor. A bruma é o primeiro estado da percepção nascente e compõe a miragem na qual as coisas sobem e descem, como sob a ação de um pistão, e os homens levitam, suspensos numa corda. Ver brumoso, ver turvo: um esboço de percepção alucinatória, um cinza cósmico.[3] Será que é o cinza que se di-

[1] T. E. Lawrence, *Os sete pilares da sabedoria* (1922), IV, 54. Sobre o Deus dos árabes, Incolor, Informal, Intocável, que abarca tudo, cf. *Introduction*, 3. Citamos o texto de *Les Sept piliers de la sagesse* segundo a edição Folio-Gallimard, tradução de Julien Deleuze (Paris, 1992).

[2] III, 38.

[3] Sobre a bruma ou "miragem", I, 8. Uma bela descrição encontra-se em IX, 104. Sobre a revolta como gás, vapor, cf. III, 33.

vide em dois, dando *[145]* o negro quando a sombra avança ou a luz desaparece, mas igualmente o branco quando o luminoso por sua vez se torna opaco? Goethe definia o branco pelo "fulgor fortuitamente opaco do transparente puro"; o branco é o acidente sempre renovado do deserto, e o mundo árabe é em preto e branco.[4] Porém estas são ainda tão somente condições da percepção, que só se efetua plenamente quando aparecem as cores, isto é, quando o branco se escurece em amarelo e o negro se clareia em azul. Areia e céu, até que a intensificação dê o púrpura cegante onde arde o mundo e onde a vista é substituída nos olhos pelo sofrimento. A vista, o sofrimento, duas entidades: "Despertando na noite, não encontrava mais em seus olhos a vista, mas apenas o sofrimento".[5] Do cinza ao vermelho, há o aparecer e o desaparecer do mundo no deserto, todas as aventuras do visível e de sua percepção. A Ideia no espaço é a visão, que vai do transparente puro invisível ao fogo purpúreo onde toda vista arde.

"A união das falésias escuras, do solo rosa e dos arbustos verde pálido era bela para olhos saturados por meses de sol e de sombra negra de fuligem; quando chegou a noite, o sol crepuscular derramou um brilho carmesim sobre um dos lados do vale, deixando o outro numa escuridão violeta."[6] Lawrence, um dos maiores paisagistas da literatura. Rum, a sublime, visão absoluta, paisagem do espírito.[7] A cor é movimento, é desvio, deslocamento, deslizamento, obliquidade, tanto quanto o traço. Ambos, a cor e o traço, nascem juntos e se fundem. As paisagens de arenito ou de basalto reúnem cores e traços, mas sempre em movimento, os grandes traços coloridos por camadas, as cores feitas a largos traços. As formas de espinhos e de bolhas se sucedem, ao mesmo tempo que as cores se chamam, do transparente puro ao cinza sem esperança. Os rostos respondem às paisagens, aparecendo e desaparecendo nesses breves quadros que fazem de Lawrence um dos maiores retratistas:

[4] Cf. *Introduction*, 2.

[5] V, 62.

[6] IV, 40.

[7] V, 62 e 67.

"Ele era habitualmente alegre, mas tinha em si toda pronta uma veia de sofrimento..."; "sua cabeleira flutuante e seu rosto em ruínas de ator trágico cansado..."; "seu *[146]* espírito, como uma paisagem pastoril, tinha uma perspectiva com quatro cantos, cuidada, amável, limitada, bem situada..."; "suas pálpebras caíam sobre os cílios rudes em rugas cansadas, e através delas uma luz vermelha, vinda do sol no alto, cintilava nas órbitas, fazendo-as parecerem covas ardentes onde o homem ardia lentamente".[8]

Os escritores de maior beleza têm condições de percepção singulares que lhes permitem extrair ou talhar perceptos estéticos como verdadeiras visões, mesmo às custas de regressarem com os olhos vermelhos. O oceano impregna de dentro as percepções de Melville, a ponto de o navio parecer irreal em contraste com o mar vazio e se impor à vista como "miragem surgida das profundezas".[9] Mas bastará invocar a objetividade de um meio que torce as coisas e faz tremer ou cintilar a percepção? Não serão antes *condições subjetivas* que, sem dúvida, convocam tal ou qual meio objetivo favorável, nele se desdobram, podendo coincidir com ele, mas que conservam, não obstante, uma diferença irresistível, incompressível? É em virtude de uma disposição subjetiva que Proust encontra seus perceptos numa corrente de ar que passa debaixo da porta e permanece fria diante das belezas que lhe assinalam.[10] Melville possui um oceano íntimo desconhecido dos marinheiros, ainda que eles o pressintam: é nele que nada Moby Dick, e é ele que se projeta no oceano lá de fora, mas para transmutar-lhe a percepção e dele "abstrair" uma Visão. Lawrence possui um deserto íntimo que o impele para os desertos da Arábia, entre os árabes, e que coincide em muitos pontos com as percepções e concepções destes, mas conserva a indomável diferença que as introduz numa Figura secreta inteiramente outra. Lawrence fala árabe, veste-se e vive como árabe, mesmo sob tortura grita em árabe, mas não imita os árabes, jamais abdica de sua diferença que ele já sente como

[8] IV, 39; IV, 41; V, 57; IX, 99.

[9] Melville, *Benito Cereno*, Paris, Gallimard, p. 201.

[10] Proust, *Sodome et Gomorrhe*, Pléiade II, p. 944.

uma traição.[11] Sob seu traje de recém-casado, "suspeita seda imaculada", não para de trair a Esposa. Essa diferença de Lawrence não se deve apenas ao fato de continuar sendo *[147]* inglês, a serviço da Inglaterra, pois ele trai tanto a Inglaterra quanto a Arábia, num sonho-pesadelo de tudo trair ao mesmo tempo. Mas tampouco se trata de sua diferença pessoal, tanto a empreitada de Lawrence é uma fria e projetada destruição do eu, levada até o fim. Cada mina que coloca explode também dentro dele, ele próprio é a bomba que ele faz estourar. Trata-se de uma *disposição subjetiva* infinitamente secreta, que não se confunde com um caráter nacional ou pessoal e que o leva para longe de seu país, sob as ruínas do seu eu devastado.

Não há problema mais importante que o dessa disposição que arrasta Lawrence e o desata das "cadeias do ser". Até um psicanalista hesitará em dizer que essa disposição subjetiva é o homossexualismo, ou, mais precisamente, o amor oculto do qual Lawrence faz a mola de sua ação, no esplêndido poema de dedicatória, ainda que o homossexualismo sem dúvida faça parte da disposição. Tampouco se deve acreditar numa disposição para trair, ainda que a traição possa decorrer daí. Seria o caso, antes, de um profundo desejo, de uma tendência a projetar nas coisas, na realidade, no futuro e até no céu, uma imagem de si mesmo e dos outros suficientemente intensa para que *ela viva sua própria vida*: imagem sempre retomada, remendada, e que não para de crescer ao longo do caminho até tornar-se fabulosa.[12] É uma máquina de fabricar gigantes, o que Bergson chamava de uma função fabuladora.

Lawrence diz que vê através de uma bruma, que não percebe imediatamente as formas nem as cores e que só reconhece as coi-

[11] Sobre os dois comportamentos possíveis do inglês em relação aos árabes, V, 61. E *Introduction*, 1.

[12] Cf. como Jean Genet descreve essa tendência: *Un captif amoureux*, Paris, Gallimard, pp. 353-5. As semelhanças entre Genet e Lawrence são numerosas, e é ainda uma disposição subjetiva que Genet reivindica quando se encontra no deserto entre os palestinos para outra Revolta. Cf. o comentário de Félix Guattari, "Genet retrouvé" (*Cartographies schizoanalytiques*, Paris, Galilée, 1989, pp. 272-5).

sas no contato imediato com elas; que não é muito homem de ação, que se interessa pelas Ideias mais que pelos fins e seus meios; que quase não tem imaginação e não gosta dos sonhos... E nesses traços negativos há já muitos motivos que o emparelham aos árabes. Mas o que o inspira e arrasta é ser um "sonhador diurno", um homem perigoso de verdade, que não se define nem pela relação com o real ou a ação, nem pela relação *[148]* com o imaginário ou os sonhos, mas apenas pela força com a qual projeta no real as imagens que soube arrancar de si mesmo e de seus amigos árabes.[13] Será que a imagem corresponde ao que eles foram? Os que acusam Lawrence de ter-se dado uma importância que jamais possuiu mostram apenas pequenez pessoal, aptidão para denegrir, assim como inaptidão para compreender um texto. Pois Lawrence não esconde a que ponto o papel que se atribui é local, tomado numa rede frágil; ele sublinha a insignificância de muitas de suas empreitadas, ao colocar minas que não explodem e não lembrar onde as colocou. Quanto ao sucesso final de que se vangloria sem grandes ilusões, este consiste em ter conduzido os guerrilheiros árabes até Damasco, antes da chegada das tropas aliadas, em condições muito análogas às que vimos se reproduzir no final da Segunda Guerra mundial, quando os resistentes se apossavam dos edifícios oficiais de uma cidade libertada e até tinham tempo para neutralizar os representantes de um compromisso de última hora.[14] Em suma, não é uma deplorável mitomania individual que impele Lawrence a projetar sobre sua rota imagens grandiosas, para além de empreendimentos com frequência modestos. A máquina de projeção é inseparável do próprio movimento da Revolta: subjetiva, ela remete à subjetividade do grupo revolucionário. É preciso, ainda, que a escrita de Lawrence, seu estilo, a retome por sua conta ou a reveze: a disposição subjetiva, isto é, a força de projeção de imagens, é inseparavelmente política, erótica, artística. O próprio Lawrence

[13] *Chapitre d'introduction*: "os sonhadores diurnos, homens perigosos...". Sobre as características subjetivas de sua percepção, I, 15; II, 21; IV, 48.

[14] Cf. X, 119, 120, 121 (a deposição do pseudogoverno do sobrinho de Abd-el-Kader).

mostra como seu projeto de escrever se encadeia com o movimento árabe: na falta de técnica literária, ele precisa do mecanismo da revolta e da pregação para tornar-se escritor.[15]

As imagens que Lawrence projeta no real não são imagens inchadas que pecariam por uma falsa extensão, mas valem pela intensidade pura, dramática ou cômica que o escritor *[149]* sabe dar ao acontecimento. E a imagem que ele extrai de si mesmo não é uma imagem mentirosa, pois não lhe cabe responder ou não a uma realidade preexistente. Trata-se de fabricar o real e não de responder a ele. Como diz Genet a propósito desse gênero de projeção, por trás da imagem não há nada, uma "ausência de ser", um vazio que dá testemunho de um eu dissolvido. Por trás das imagens não há nada, *exceto o espírito que as contempla com estranha frieza*, mesmo que sejam sangrentas e dilaceradas.[16] Desse modo, há dois livros em *Os sete pilares da sabedoria*, dois livros que se insinuam um no outro: um relativo às imagens projetadas no real e que têm vida própria, o outro relativo ao espírito que as contempla, entregue às suas próprias abstrações.

É que o espírito que contempla não é em si mesmo vazio, e as abstrações são os olhos do espírito. A calma do espírito é atravessada pelos pensamentos que o arranham. O espírito é uma Besta com olhos múltiplos, sempre pronta a saltar sobre os corpos animais que distingue. Lawrence insiste na sua paixão pelo abstrato, que partilha com os árabes: tanto um como o outro, Lawrence ou o árabe, interrompem de bom grado a ação para seguir uma Ideia com que deparam. Sou o servo do abstrato.[17] As ideias abstratas não são coisas mortas, são entidades que inspiram poderosos dinamismos espaciais e que se misturam intimamente no deserto com as imagens projetadas, coisas, corpos ou seres. Por isso os *Sete pilares* são o objeto de uma dupla leitura, de uma dupla teatralidade.

[15] IX, 99: "Enfim o acaso, com um humor perverso, ao fazer-me desempenhar o papel de um homem de ação, me havia dado um lugar na Revolta Árabe, tema épico absolutamente pronto para um olho e uma mão diretos, oferecendo-me assim uma saída em direção à literatura [...]".

[16] VI, 80 e 81. E *Introduction*, 1.

[17] IX, 99.

Essa é a disposição especial de Lawrence, o dom de fazer viver apaixonadamente as entidades no deserto, ao lado das pessoas e das coisas, ao ritmo irregular do passo dos camelos. Talvez esse dom confira à língua de Lawrence algo de único e que soa como uma língua estrangeira, menos um árabe do que um alemão fantasma que se inscreveria em seu estilo, dotando o inglês de novos poderes (um inglês que não flui, dizia Forster, granulado, acidentado, mudando constantemente de regime, cheio de abstrações, de processos estacionários e de visões paradas).[18] Em todo caso, os árabes ficavam encantados com o *[150]* poder de abstração de Lawrence. Numa noite de febre, seu espírito inflamado lhe inspira um discurso meio demente que denuncia *Onipotência* e *Infinito*, suplica a essas entidades que nos golpeiem com mais força a fim de temperar em nós as armas de sua própria ruína, exalta a importância de ser derrotado, o Não-fazer como nossa única vitória e o Fracasso como nossa soberana liberdade: "Para o clarividente o fracasso era o único objetivo...".[19] O mais curioso é que os ouvintes se entusiasmam a ponto de decidirem imediatamente juntar-se à Revolta.

Vai-se das imagens às *entidades*. Tal é, pois, em última instância, a disposição subjetiva de Lawrence: esse mundo de entidades que passam pelo deserto, que *duplicam as imagens*, que se misturam às imagens e lhes conferem uma dimensão visionária. Lawrence diz que conhece intimamente essas entidades, mas o que lhe escapa é seu *character*. Não se confundirá o Caráter com um eu. No mais profundo da subjetividade, não há eu, mas uma composição singular, uma idiossincrasia, uma cifra secreta como a oportunidade única de que justo essas entidades tenham sido as retidas, queridas, de que justo essa combinação tenha sido tirada: essa e não outra. É ela que se denomina Lawrence. Um lance de dados, um Querer que lança os dados. O *character* é a Besta: espírito, que-

[18] Cf. E. M. Forster, carta de meados de fevereiro de 1924 (*Letters to T. E. Lawrence*, Londres, Jonathan Cape). Forster nota que nunca se restituiu o movimento com tão pouca mobilidade, mediante uma sucessão de posições imóveis.

[19] VI, 74.

rer, desejo, desejo-deserto que reúne as entidades heterogêneas.[20] Assim, o problema torna-se o seguinte: quais são essas entidades subjetivas e como elas se combinam? Lawrence dedica a isso o grandioso capítulo 103. Entre as entidades, nenhuma aparece com maior insistência do que a Vergonha e a Glória, a Vergonha e o Orgulho. Talvez a relação entre elas permita decifrar o segredo do *character*. Jamais a vergonha foi tão celebrada, e de maneira tão orgulhosa e altiva.

Cada entidade é múltipla, ao mesmo tempo que está em relação com diversas outras entidades. A vergonha é primeiramente a vergonha de trair os árabes, já que Lawrence não para de garantir junto a eles as promessas inglesas, que ele sabe perfeitamente o quanto não serão cumpridas. Com a mesma honestidade, *[151]* Lawrence continuaria experimentando a vergonha de pregar a liberdade nacional aos homens de uma outra nação: uma situação invivível. Lawrence sente-se constantemente um trapaceiro: "E retomei o meu manto de fraude".[21] Mas passa a experimentar uma espécie de orgulho compensatório ao trair um pouco sua própria raça e seu governo, pois forma guerrilheiros capazes, espera ele, de forçar os ingleses a cumprirem sua palavra (donde a importância da entrada em Damasco). Misturado à vergonha, seu orgulho está em ver os árabes tão nobres, tão belos, tão encantadores (mesmo quando eles, por sua vez, traem um pouco), tão opostos em tudo aos soldados ingleses,[22] pois, segundo as exigências da guerrilha, são guerreiros que ele instrui, e não soldados. À medida que os árabes entram na Revolta, vão-se moldando cada vez melhor às imagens projetadas que os individualizam e os convertem em gi-

[20] IX, 103: "Eu estava muito consciente das potências e entidades envolvidas em mim; era sua combinação particular (*character*) que permanecia oculta". E também sobre a Besta Espiritual, querer ou desejo. Orson Welles insistia no emprego particular do termo *character* em inglês (cf. André Bazin, *Orson Welles*, Paris, Cerf, 1972, pp. 178-80): num sentido nietzschiano, uma vontade de potência que reúne forças diversas.

[21] VII, 91 (e *passim*).

[22] IX, 99. (E cf. V, 57, onde Auda tem tanto mais encanto quanto negocia secretamente com os turcos, por "compaixão".)

gantes. "Nossa trapaça os glorificava. Quanto mais nós nos condenávamos e desprezávamos, mais podíamos cinicamente ter orgulho deles, nossas criaturas. Nossa vontade os impelia como se fossem palha, e eles não eram palha, porém os mais corajosos, os mais simples, os mais alegres dentre os homens." Para Lawrence, como o primeiro grande teórico da guerrilha, a oposição dominante está entre a incursão e a batalha, entre os guerrilheiros e os exércitos. O problema da guerrilha se confunde com o do deserto: é um problema de individualidade ou de subjetividade, ainda que subjetividade de grupo, em que se decide a sorte da liberdade, ao passo que o problema das guerras e dos exércitos é a organização de uma massa anônima submetida a regras objetivas, que se propõem fazer do homem um "tipo".[23] Vergonha das batalhas que mancham o deserto, e a única que Lawrence trava com os turcos, por lassidão, revela-se uma carnificina ignóbil, inútil. Vergonha dos exércitos, cujos membros são piores que condenados e que só atraem as putas.[24] É verdade que chega um momento em que os grupos de guerrilheiros precisam formar um exército, ou ao menos integrar-se num exército, caso queiram uma vitória decisiva; mas nesse caso eles desaparecem como homens livres e rebeldes. Quase *[152]* metade dos *Sete pilares* nos faz assistir ao prolongado eclipse do período guerrilheiro, à substituição dos camelos por metralhadoras automáticas e Rolls e dos chefes de guerrilha por peritos e políticos. Mesmo o conforto e o sucesso dão vergonha. A vergonha tem muitos motivos contraditórios. No fim, ao mesmo tempo que se apaga com duas gargalhadas, saciado com sua própria solidão, Lawrence pode dizer como Kafka: "É como se a vergonha devesse sobreviver a ele". A vergonha engrandece o homem.

Há muitas vergonhas numa só, mas também existem outras vergonhas. Como é possível comandar sem vergonha? Comandar é roubar almas para enviá-las ao sofrimento. O chefe só se justifica pela massa que acredita nele, "fervorosas esperanças reunidas das multidões míopes", se assumir o sofrimento e sacrificar-se ele

[23] V, 59. E X, 118: "A essência do deserto é o indivíduo [...]".

[24] X, 118.

mesmo. Porém até nesse sacrifício de redenção a vergonha sobrevive, pois equivale a tomar o lugar dos outros. O redentor se alegra em meio ao seu sacrifício, mas "ele fere seus irmãos em sua virilidade": não imolou o suficiente o seu eu, aquele que impede os demais de assumirem eles próprios a função de redentor. Por isso "os discípulos viris têm vergonha", e é como se Cristo tivesse privado os ladrões da glória que lhes poderia pertencer. Vergonha do redentor porque ele "avilta o redimido".[25] É esse tipo de pensamentos que, com suas garras, dilacera o cérebro de Lawrence e faz dos *Sete pilares* um livro quase louco.

Então é preciso escolher a servidão? Mas haverá coisa mais vergonhosa do que estar submetido a inferiores? A vergonha redobra quando o homem, não só nas funções biológicas mas nos projetos mais humanos, depende de animais. Lawrence evita montar a cavalo quando isso não é indispensável e prefere andar descalço sobre o coral cortante, não apenas para se endurecer mas porque tem vergonha de depender de uma forma de existência inferior cuja semelhança conosco basta para relembrar-nos o que somos aos olhos de um Deus.[26] Apesar do retrato admirativo ou zombeteiro que traça de vários camelos, seu ódio explode quando a febre o deixa à mercê do fedor e abjeção deles.[27] E há nos exércitos servidões *[153]* tais que acabamos dependendo de homens que nos são tão inferiores quanto os animais. Uma servidão forçada e vergonhosa, tal é o problema dos exércitos. E se é verdade que os *Sete pilares* colocam a questão: De que modo viver e sobreviver no deserto como livre subjetividade?, o outro livro de Lawrence, *The Mint* [A Matriz], pergunta: De que modo "voltar a ser um homem como os demais acorrentando-me aos meus semelhantes?" Como viver e sobreviver num exército, enquanto "tipo" anônimo objetivamente determinado nos seus mínimos detalhes? Os dois livros de Lawrence são um pouco a exploração de duas vias, como no poema de Parmênides. Quando Lawrence mergulha no anonimato e se

[25] IX, 100.

[26] III, 29.

[27] III, 32.

alista como simples soldado, passa de uma via à outra. Nesse sentido *The Mint* é o canto da vergonha, como os *Sete pilares* é o da glória. Mas assim como a glória já está cheia de vergonha, a vergonha talvez tenha uma saída gloriosa. A glória está tão comprimida na vergonha que a servidão se torna gloriosa, sob a condição de fazer-se voluntária. Há sempre uma glória a ser extraída da vergonha, uma "glorificação da cruz da humanidade". É uma servidão voluntária que Lawrence reivindica para si mesmo, numa espécie de contrato masoquista orgulhoso que ele denomina resolutamente: uma sujeição, não mais uma escravidão.[28] É a servidão voluntária que define um grupo-sujeito no deserto — por exemplo, a escolta real do próprio Lawrence.[29] Mas é ela também que transmuta a abjeta dependência do exército numa esplêndida e livre servidão: assim a aula de *The Mint*, quando Lawrence passa da vergonha do Depósito à glória da escola e dos alunos-oficiais. As duas vias de Lawrence, as duas questões tão diferentes, se reencontram na servidão voluntária.

Terceiro aspecto da vergonha, sem dúvida o essencial: a vergonha do corpo. Lawrence admira os árabes porque eles *desprezam* o corpo e, em toda a sua história, "lançam-se em *[154]* ondas sucessivas contra as orlas da carne".[30] Mas a vergonha é mais que o desprezo: Lawrence faz valer sua diferença com os árabes. Possui a vergonha porque pensa que o espírito, por distinto que seja, é inseparável do corpo, irremediavelmente costurado a ele.[31] E nes-

[28] Cf, IX, 103: T. E. Lawrence se queixa de não ter encontrado o mestre capaz de sujeitá-lo, nem sequer Allenby.

[29] VII, 83: "Esses rapazes encontravam prazer na subordinação, no que desconsiderava o corpo, a fim de dar maior relevo à sua liberdade na igualdade espiritual [...] Eles experimentavam uma alegria do aviltamento, uma liberdade em consentir ao amo o último uso e grau de sua carne e de seu sangue, porque seus espíritos eram iguais ao dele e o contrato era voluntário [...]". A servidão forçada, ao contrário, é uma degradação do espírito.

[30] *Introduction*, 3.

[31] VII, 83: "A concepção do espírito e da matéria antitéticos que fundava o abandono do eu árabe não me ajudava em nada. Eu chegava ao abandono pela via exatamente oposta [...]".

se sentido o corpo não é sequer um meio ou um veículo do espírito, mas antes uma "lama molecular" que adere à ação espiritual. Quando agimos, o corpo se deixa esquecer. Ao contrário, quando está reduzido ao estado de lodo, tem-se o estranho sentimento de que finalmente ele se mostra e atinge seu objetivo último.[32] *The Mint* começa por essa vergonha do corpo com suas marcas de infâmia. Em dois episódios célebres, Lawrence vai até o fim do horror: seu próprio corpo torturado e violentado pelos soldados do bei, o corpo dos agonizantes turcos que erguem vagamente a mão para assinalar que ainda vivem.[33] A ideia de que apesar de tudo o horror tem um fim vem de que a lama molecular é o último estado do corpo e de que o espírito o contempla com uma certa atração, porque nele encontra a segurança de um último nível que não se pode ultrapassar.[34] O espírito se inclina sobre o corpo: a vergonha não seria nada sem essa inclinação, essa atração pelo abjeto, esse voyeurismo do espírito. Isso equivale a dizer que o espírito tem vergonha *do* corpo de uma maneira muito especial: de fato, ele tem vergonha *pelo* corpo. É como se ele dissesse ao corpo: Você me dá vergonha, Você deveria ter vergonha... "Uma fraqueza física que fazia rastejar ao longe e enfiar-se na terra meu eu animal, até que a vergonha tivesse passado."[35]

Ter vergonha pelo corpo implica uma concepção do corpo muito particular. Segundo essa concepção, o corpo tem reações exteriores autônomas. O corpo é um animal. O que o corpo faz, ele o faz sozinho. Lawrence faz sua a fórmula de Espinosa: não sabemos o que pode um corpo! Em plena sessão de *[155]* tortura, uma ereção; mesmo no estado de lama, o corpo é percorrido por sobressaltos, como esses reflexos que ainda sacodem a rã morta ou essa

[32] VII, 83.

[33] VI, 80; X, 121.

[34] IX, 103: "Eu buscava meus prazeres e aventuras em direção ao baixo. Parecia-me ter aí uma certeza na degradação, uma segurança definitiva. O homem pode elevar-se a qualquer altura, mas há um nível animal abaixo do qual ele não pode cair".

[35] III, 33.

saudação dos moribundos, essa tentativa de erguer a mão que fazia com que estremecessem em uníssono todos os agonizantes turcos, como se estivessem ensaiando um mesmo gesto de teatro e que leva Lawrence a uma gargalhada louca. Com mais razão, no seu estado normal o corpo não para de agir e reagir *antes que o espírito se comova*. Talvez caiba recordar a teoria das emoções de William James, tão amiúde submetida a absurdas refutações.[36] James propõe uma ordem paradoxal: 1 — percebo um leão, 2 — meu corpo treme, 3 — tenho medo; 1 — a percepção de uma situação, 2 — as modificações do corpo, fortalecimento ou enfraquecimento, 3 — a emoção da consciência ou do espírito. Talvez James esteja equivocado ao confundir essa ordem com uma causalidade e ao acreditar que a emoção do espírito não é senão a resultante ou o efeito das modificações corporais. Mas a ordem está certa: estou numa situação extenuante; meu corpo "rasteja e se enfia na terra"; meu espírito se envergonha. O espírito começa olhando fria e curiosamente o que faz o corpo, é primeiramente uma testemunha, depois se comove, testemunha apaixonada, isto é, experimenta por sua vez afectos que não são simplesmente efeitos do corpo, mas verdadeiras *entidades críticas* que sobrevoam o corpo e o julgam.[37]

As entidades espirituais, as ideias abstratas, não são o que se crê: são emoções, afectos. São inumeráveis e não consistem unicamente na vergonha, ainda que esta seja uma das principais. Há casos em que o corpo dá vergonha *ao* espírito, mas também há casos em que o corpo *o* faz rir, ou *o* encanta, como o corpo dos árabes jovens e belos ("com seus cabelos trançados sobre as têmporas em longos cornos encurvados, que os faziam assemelhar-se a bailarinos russos").[38] É sempre o espírito que tem vergonha, que se quebra ou que extrai prazer, ou glória, enquanto o corpo "continua

[36] Cf. William James, *Précis de psychologie*, Paris, Rivière, p. 499.

[37] Há portanto ao menos três "partes", como diz T. E. Lawrence, VI, 81: uma que avança com o corpo ou a carne; outra "que paira acima e à direita e se inclina com curiosidade [...]"; e "uma terceira parte, loquaz, que fala e se interroga, crítica com a tarefa que o corpo se impõe [...]".

[38] VI. 78.

trabalhando obstinadamente". As entidades críticas *[156]* afetivas não se anulam, mas podem coexistir e se misturam, compondo o *character* do espírito, constituindo não um eu, mas um centro de gravidade que se desloca de uma entidade a outra segundo os filamentos secretos desse teatro de marionetes. Talvez a glória seja isso, esse querer oculto que faz comunicarem as entidades e as escolhe no momento favorável.

As entidades se erigem e se agitam no espírito quando este contempla o corpo. São os atos da subjetividade. Elas não são apenas os olhos do espírito, mas suas Potências e suas Palavras. O que se ouve no estilo de Lawrence é o choque das entidades. Mas, por não terem outro objeto que não o corpo, suscitam no limite da linguagem o aparecimento das grandes Imagens visuais e sonoras que escavam os corpos, inanimados ou animados, para humilhá-los e magnificá-los a um só tempo, como na abertura dos *Sete pilares*: "E, à noite estávamos manchados pelo rosado, devolvidos à vergonha de nossa pequenez pelo silêncio inumerável das estrelas".[39] É como se as entidades povoassem um deserto íntimo que se aplica ao deserto exterior e nele projetasse imagens fabulosas através dos corpos, homens, animais e pedras. Entidades e imagens, Abstrações e Visões se combinam para fazer de Lawrence um outro William Blake.

Lawrence não mente, e mesmo no prazer experimenta todas as vergonhas em relação aos árabes: vergonha de se disfarçar, de partilhar sua miséria, de comandá-los, de enganá-los... Tem vergonha dos árabes, pelos árabes, perante os árabes. Contudo Lawrence leva a vergonha dentro de si, desde sempre, de nascença, como um profundo componente de Caráter. E eis que os árabes, em relação a essa vergonha profunda, começam a representar o papel glorioso de uma expiação, de uma purificação voluntária; o próprio Lawrence ajuda-os a transformarem suas miseráveis empreitadas em guerra de resistência e de libertação, mesmo que fadada ao fracasso devido à traição (o fracasso por sua vez redobra o esplendor ou a pureza). Os ingleses, os turcos, o mundo inteiro os despreza; mas

[39] *Introduction*, 1.

é como se esses árabes, insolentes e zombeteiros, saltassem *para fora da vergonha* e captassem o reflexo da Visão, da Beleza. Eles trazem ao mundo uma liberdade estranha, onde a glória e a vergonha entram num corpo a corpo *[157]* quase espiritual. É nesse aspecto que Jean Genet tem tantos traços em comum com Lawrence: a impossibilidade de se confundir com a causa árabe (palestina), a vergonha de não poder fazê-lo e a vergonha mais profunda vinda de outro lugar, consubstancial ao ser, e a revelação de uma beleza insolente que mostra, como diz Genet, a que ponto "a explosão para fora da vergonha era fácil", ao menos por um instante...[40]

[40] Cf. Alain Milianti, "Le Fils de la honte: sur l'engagement politique de Genet", *Revue d'Études Palestiniennes*, nº 42, 1992; nesse texto, cada palavra que vale para Genet conviria também a Lawrence.

15.
PARA DAR UM FIM AO JUÍZO
[158]

Da tragédia grega à filosofia moderna, é toda uma doutrina do julgamento que se vai elaborando e desenvolvendo. O trágico não é tanto a ação quanto o juízo, e a tragédia grega instaura primeiramente um tribunal. Kant não inventa uma verdadeira crítica do juízo, já que esse livro, ao contrário, erige um fantástico tribunal subjetivo. Em ruptura com a tradição judaico-cristã, é Espinosa quem conduz a crítica; e ele teve quatro grandes discípulos que a retomaram e a relançaram, Nietzsche, Lawrence, Kafka, Artaud. Os quatro tiveram de padecer pessoalmente, singularmente, do juízo. Conheceram esse ponto em que a acusação, a deliberação, o veredito se confundem ao infinito. Nietzsche passa como réu por todas as pensões mobiliadas às quais ele opõe um desafio grandioso; Lawrence vive sob a acusação de imoralismo e pornografia, que repercute em sua mínima aquarela; Kafka se mostra "diabólico na mais completa inocência" para escapar ao "tribunal no hotel" onde são julgados seus esponsais infinitos.[1] E Artaud-Van Gogh, quem terá sofrido mais do juízo sob essa forma penosa em mais alto grau, a terrível perícia psiquiátrica?

Nietzsche soube destacar a condição do juízo: "a consciência de ter uma dívida para com a divindade", a aventura da dívida à medida que ela mesma se torna *infinita*, portanto impagável.[2] O homem só apela para o juízo, só é julgável e só julga quando sua existência está submetida a uma dívida infinita: o infinito da dívida e a imortalidade da existência remetem um ao outro para cons-

[1] Cf. Elias Canetti, *L'Autre procès*, Paris, Gallimard, 1972.

[2] Nietzsche, *Généalogie de la morale*, II.

tituir a *[159]* "doutrina do juízo".[3] É preciso que o devedor sobreviva se sua dívida é infinita. Ou, como diz Lawrence, o cristianismo não renunciou ao poder, antes inventou uma nova forma de poder como Poder de julgar: é ao mesmo tempo que o destino do homem é "diferido" e o juízo se converte numa última instância.[4] A doutrina do juízo aparece no Apocalipse ou no juízo final como no teatro de *Amerika*. Kafka, por sua vez, assenta a dívida infinita na "absolvição* aparente", o destino diferido na "moratória ilimitada", que fazem com que os juízes se mantenham para além da nossa experiência e da nossa concepção.[5] Artaud não cessará de contrapor ao infinito a operação de dar um fim ao juízo de Deus. Para os quatro, a lógica do juízo se confunde com a psicologia do sacerdote como inventor da mais sombria organização: quero julgar, preciso julgar... Não se trata de fazer como se o próprio juízo tivesse sido diferido, adiado para amanhã, postergado ao infinito. Ao contrário, é o ato de diferir, de levar ao infinito, que torna o juízo possível: este recebe sua condição de uma relação suposta entre a existência e o infinito na *ordem* do tempo. Àquele que se atém a essa relação é dado o poder de julgar e de ser julgado. Mesmo o juízo de conhecimento envolve um infinito do espaço, do tempo e da experiência que determina a existência dos fenômenos no espaço e no tempo ("toda vez que..."). Mas o juízo de conhecimento, nesse sentido, implica uma forma moral e teológica primeira, segundo a qual a existência estava relacionada com o infinito conforme uma ordem do tempo: o existente como tendo uma dívida para com Deus.

Mas então o que se distingue do juízo? Basta invocar um "pré-judicativo" que seria a um só tempo solo e horizonte? E será o mesmo que antejudicativo, entendido como Anticristo: não tanto um solo como um desmoronamento, um deslizamento de terreno,

[3] Nietzsche, *Antéchrist*, par. 42.

[4] D. H. Lawrence, *Apocalypse* (Paris, Balland, 1978), cap. 6, p. 80.

* *Acquittement*, no original, que tanto pode significar absolvição como quitação (N. do T.).

[5] Kafka, *O processo* (as explicações de Titorelli).

uma perda de horizonte? Os existentes se enfrentam e se dão reparação segundo relações *finitas* que só constituem o *curso* do tempo. A grandeza de Nietzsche está em ter mostrado, sem qualquer hesitação, que a relação *[160] credor-devedor era primeira em relação a toda troca.*[6] Começa-se prometendo, e a dívida não é contraída em relação com um deus, mas relativamente a um parceiro segundo forças que passam entre as partes, provocam uma mudança de estado e nelas criam alguma coisa: o afecto. Tudo se passa entre partes, e o ordálio não é um juízo do deus, já que não há nem deus nem juízo.[7] Ali onde Mauss e depois Lévi-Strauss ainda hesitam, Nietzsche não tinha dúvidas; há uma justiça que se opõe a todo juízo, segundo a qual os corpos marcam-se uns aos outros, a dívida se escreve diretamente no corpo, conforme *blocos finitos* que circulam num território. O direito não tem a imobilidade das coisas eternas, porém se desloca incessantemente entre famílias que têm de retomar ou devolver o sangue. São signos terríveis que laboram os corpos e os colorem, traços e pigmentos, revelando em plena carne o que cada um deve e o que lhe é devido: todo um *sistema da crueldade*, cujo eco se ouve na filosofia de Anaximandro e na tragédia de Ésquilo.[8] Na doutrina do juízo, ao contrário, as dívidas se escrevem sobre um livro autônomo sem que sequer o percebamos, de modo que já não podemos saldar uma conta infinita. Somos desapossados, expulsos de nosso território, dado que o livro já recolheu os signos mortos de uma Propriedade que invoca o eterno. A doutrina livresca do juízo só é suave na aparência, pois nos condena a uma escravidão sem fim e anula qualquer processo

[6] Nietzsche, *Généalogie*, II. Esse texto tão importante só pode ser avaliado em relação aos textos etnográficos ulteriores, especialmente sobre o *potlach*: apesar de um material restrito, ele dá testemunho de um avanço prodigioso.

[7] Cf. Louis Gernet, *Anthropologie de la Grèce antique*, Paris, Maspero, 1968, pp. 215-7, 241-2 (o juramento "funciona só entre as partes [...] Seria anacrônico dizer que ele faz as vezes do julgamento: na sua natureza original, ele exclui sua noção") e cf. pp. 269-70.

[8] Cf. Ismaïl Kadaré, *Eschyle ou l'éternel perdant*, Paris, Fayard, 1988, cap. 4.

liberatório. Artaud dará ao sistema da crueldade desenvolvimentos sublimes, escrita de sangue e de vida que se opõe à escrita do livro, como a justiça ao juízo, e acarreta uma verdadeira inversão do signo.[9] Não é esse o caso também em Kafka, quando ele contrapõe ao grande livro do *Processo* a máquina da *Colônia penal*, escrita nos corpos, que dá testemunho de uma ordem *[161]* antiga assim como de uma justiça onde se confundem o compromisso, a acusação, a defesa e o veredito? O sistema da crueldade enuncia as relações finitas do corpo existente com forças que o afetam, ao passo que a doutrina da dívida infinita determina as relações da alma imortal com os juízos. Por toda parte o sistema da crueldade opõe-se à doutrina do juízo.

O juízo não apareceu sobre um solo que, mesmo muito diferente, tenha favorecido seu florescimento; foi preciso ruptura, bifurcação. Foi necessário que a dívida fosse contraída com deuses. Foi indispensável que a dívida fosse referida não mais a forças das quais éramos depositários, mas a deuses que supostamente nos davam essas forças. Foram precisos muitos desvios no caminho, pois no início os deuses eram testemunhas passivas ou pleiteantes queixosos que não podiam julgar (como nas *Eumênidas* de Ésquilo). Só pouco a pouco os deuses e os homens se elevaram juntos à atividade de julgar, para melhor e para pior, como se vê no teatro de Sófocles. Os elementos de uma doutrina do juízo supõem que os deuses concedam *lotes* aos homens, e que os homens, segundo seus lotes, sejam apropriados para tal ou qual *forma*, para tal ou qual *fim* orgânico. A qual forma meu lote me destina? Mas também: será que meu lote corresponde à forma que eu almejo? Eis o essencial do juízo: a existência recortada em lotes, os afectos distribuídos em lotes são referidos a formas superiores (é o tema constante em Nietzsche ou em Lawrence: denunciar essa pretensão de "julgar" a vida em nome de valores superiores). Os homens jul-

[9] Antonin Artaud, *Pour en finir avec le jugement de dieu*, *Œuvres complètes*, XIII, Paris, Gallimard, 1974: "a abolição da cruz". Sobre a comparação do sistema da crueldade em Artaud e em Nietzsche, cf. Camille Dumoulié, *Nietzsche et Artaud*, Paris, PUF, 1992.

gam à medida em que avaliam seu próprio lote e são julgados na medida que uma forma confirme ou destitua sua pretensão. Eles são julgados ao mesmo tempo em que julgam, e as delícias do julgar e ser julgado são as mesmas. O juízo irrompe no mundo na forma do juízo equivocado que chega até ao delírio, à loucura, quando o homem se engana sobre o seu lote, e na forma do juízo de Deus, quando a forma impõe um outro lote. Um bom exemplo seria *Ájax*. A doutrina do juízo, no seu início, necessita do juízo equivocado do homem tanto quanto do juízo formal de Deus. Uma última bifurcação se produz com o cristianismo: não há mais lotes, pois são nossos juízos que compõem nosso único lote, e tampouco há forma, *[162]* pois é o juízo de Deus que constitui a forma infinita. No limite, lotear-se a si mesmo e punir-se a si mesmo tornam-se as características do novo juízo ou do trágico moderno. Há somente juízo, e todo juízo incide sobre um juízo. Talvez *Édipo* prefigure esse novo estado no mundo grego. E o que há de moderno num tema como *Don Juan* é ainda o juízo sob sua forma nova, mais do que a ação, que é cômica. Na sua generalidade maior, o segundo movimento da doutrina do juízo pode ser expresso da seguinte maneira: já não somos os devedores dos deuses pelas formas ou fins, somos em todo o nosso ser os devedores infinitos de um deus único. A doutrina do juízo derrubou e substituiu o sistema dos afectos. E essas características se reencontram até no juízo de conhecimento ou de experiência.

O mundo do juízo se instala como num sonho. É o sonho que faz girar os lotes, roda de Ezequiel, e faz desfilar as formas. No sonho os juízos se arremessam como no vazio, sem enfrentar a resistência de um meio que os submeteria às exigências do conhecimento e da experiência; eis por que a questão do juízo é primeiramente a de saber se estamos sonhando. Por isso Apolo é ao mesmo tempo o deus do juízo e o deus do sonho: é Apolo quem julga, impõe limites e nos encerra na forma orgânica; é o sonho que encerra a vida nessas formas em nome das quais a julgamos. O sonho ergue os muros, nutre-se da morte e suscita as sombras, sombras de todas as coisas e do mundo, sombras de nós mesmos. Mas, tão logo abandonamos as margens do juízo, também é o sonho que repudiamos em favor de uma "embriaguez", como de uma maré mais cheia.[10] É nos estados de embriaguez, bebidas, drogas, êxtases que se buscará o antídoto ao mesmo tempo do sonho e do juízo. Cada vez que nos desviamos do juízo em direção à justiça, entramos num sono sem sonho. Os quatro autores denunciam no sonho um estado ainda demasiado imóvel e dirigido demais, governado demais. Os grupos que tanto se interessam pelo sonho, psicanálise ou surrealismo, prontificam-se também na realidade a formar tribunais que julgam e punem: repugnante mania, *[163]* frequente entre os sonhadores. Em suas reservas ao surrealismo, Artaud ressaltava que o pensamento não se choca contra um núcleo do sonho, mas que os sonhos antes ricocheteiam sobre um núcleo do pensamento que lhes escapa.[11] Os ritos do peiote, segundo Artaud, os cantos da floresta mexicana, segundo Lawrence, não são sonhos, porém estados de embriaguez ou sono. Esse sono sem sonhos não é daqueles em que dormimos, mas ele percorre a noite e a habita com uma claridade assustadora que não é o dia, mas o Relâmpago: "No sonho da noite vejo os cães cinzas, que se arrastam para vir devorar o sonho".[12] Esse sono sem sonho, em que não se dorme, é Insônia, pois só a insônia é adequada à noite e pode preenchê-la e povoá-la.[13] Por isso reencontra-se o sonho, já não como um sonho de sono ou um sonho desperto, mas como sonho de insônia. *O novo sonho tornou-se guardião da insônia.* Como em Kafka, já não é um sonho que se faz no interior do sono, mas um sonho que se faz *ao lado* da insônia: "Envio (ao campo) meu corpo vestido... Enquanto isso eu estou deitado em minha cama sob

[10] Nietzsche, *Origine de la tragédie*, par. 1 e 2.

[11] Cf. Artaud, III (a crítica do sonho do ponto de vista do cinema e do funcionamento do pensamento).

[12] D. H. Lawrence, *Le Serpent à plumes*, cap. 22.

[13] É Blanchot quem sugere que o sono não é adequado à noite, mas somente a insônia (*L'Espace littéraire*, Paris, Gallimard, 1955, p. 281). Quando René Char invoca os direitos do sono para além do sonho, não é contraditório, já que se trata de um sono em que não se dorme e que produz o relâmpago: cf. Paul Veyne, "René Char et l'expérience de l'extase", *Nouvelle Revue Française*, nº 394, nov. 1985.

uma coberta marrom...".[14] O insone pode permanecer imóvel, enquanto o sonho tomou para si o movimento real. Esse sono sem sonho onde no entanto não se dorme, essa insônia que todavia arrasta o sonho até os confins da insônia, tal é o estado de embriaguez dionisíaca, sua maneira de escapar ao juízo.

O sistema físico da crueldade opõe-se ainda à doutrina teológica do juízo sob um terceiro aspecto, no nível dos corpos. É que o juízo implica uma verdadeira organização dos corpos, através da qual ele age: os órgãos são juízes e julgados, e o juízo de deus é precisamente o poder de *organizar* ao infinito. Donde a relação do juízo com os órgãos dos sentidos. Inteiramente outro é o corpo do sistema físico; *[164]* ele se subtrai tanto mais ao juízo quanto não é um "organismo", estando privado dessa organização dos órgãos pela qual se julga e se é julgado. Deus criou para nós um organismo, a mulher criou para nós um organismo ali onde tínhamos um corpo vital e vivente. Artaud apresenta esse "corpo sem órgãos" que Deus nos roubou para introduzir o corpo organizado sem o qual o juízo não se poderia exercer.[15] O corpo sem órgãos é um corpo afetivo, intensivo, anarquista, que só comporta polos, zonas, limiares e gradientes. Uma poderosa vitalidade não orgânica o atravessa. Lawrence retrata esse corpo com seus polos de sol e de lua, seus planos, cortes e plexos.[16] Mais do que isso, quando Lawrence atribui a seus personagens uma dupla determinação, pode-se pensar que uma é um sentimento pessoal orgânico, mas a outra é um afecto inorgânico, muito mais poderoso, que percorre esse corpo vital: "Quanto mais delicada era a música, maior era a perfeição com que ele a executava numa felicidade completa; ao mesmo tempo, a louca exasperação que nele havia crescia na mesma proporção".[17] Lawrence não cessará de apresentar corpos organicamen-

[14] Kafka, *Préparatifs de noce à la campagne*, Paris, Gallimard, p. 12 (*Journal*, Paris, Livre de Poche, 1982, p. 280: "Não posso dormir, só tenho sonhos, e nada de sono").

[15] Artaud, *Pour en finir...*

[16] D. H. Lawrence, *Fantaisie de l'inconscient*, Paris, Stock, 1932.

[17] D. H. Lawrence, *La Verge d'Aaron*, Paris, Gallimard, p. 16.

te defeituosos ou pouco atraentes, como o gordo toureiro aposentado ou o general mexicano magro e sebento, atravessados porém pela intensa vitalidade que desafia os órgãos e desfaz a organização. A vitalidade não orgânica é a relação do corpo com forças ou poderes imperceptíveis que dele se apossam ou dos quais ele se apossa, como a lua se apossa do corpo de uma mulher: Heliogábalo anarquista dará incessantemente na obra de Artaud testemunho desse enfrentamento com as forças e os poderes, como outros tantos devires mineral, vegetal, animal. Criar para si um corpo sem órgãos, encontrar seu corpo sem órgãos é a maneira de escapar ao juízo. Já era esse o projeto de Nietzsche: definir o corpo em devir, em intensidade, como poder de afetar e ser afetado, isto é, *Vontade de potência*. E se à primeira vista parece que Kafka não participa dessa corrente, nem por isso sua obra deixa de fazer coexistir dois mundos ou dois corpos, fazendo-os reagir um sobre o outro e passar um no outro: um corpo do juízo com sua *[165]* organização, seus segmentos (contiguidade dos escritórios), suas diferenciações (oficiais, advogados, juízes...), suas hierarquias (tipos de juízes, de funcionários); mas também um corpo de justiça em que se desfazem os segmentos, se perdem as diferenciações e se embaralham as hierarquias, preservando-se apenas as intensidades que compõem zonas incertas e as percorrem a toda velocidade, onde enfrentam poderes, sobre esse corpo anarquista devolvido a si mesmo ("a *justiça* nada quer de ti, ela te agarra quando vens e te solta quando vais embora...").

Daí decorre uma quarta característica para o sistema da crueldade: combate, por toda parte combate, o combate substitui o juízo. Sem dúvida, o combate aparece *contra* o juízo, contra suas instâncias e seus personagens. Porém, mais profundamente, o próprio combatente é o combate, *entre* suas próprias partes, entre as forças que subjugam ou são subjugadas, entre as potências que exprimem essas relações de força. Por isso todas as obras de Kafka poderiam receber o título de "Descrição de um combate": combate contra o castelo, contra o juízo, contra o pai, contra os noivos. Todos os gestos são defesas ou mesmo ataques, esquivas, paradas, antecipações de um golpe que nem sempre se vê chegar, ou de um inimigo que nem sempre se consegue identificar: donde a importância das posturas do corpo. Mas esses combates exteriores, esses *combates-contra* encontram sua justificação em *combates-entre* que determinam a composição das forças no combatente. É preciso distinguir o combate contra o Outro e o combate entre Si. O combate-contra procura destruir ou repelir uma força (lutar contra "as potências diabólicas do futuro"), mas o combate-entre, ao contrário, trata de apossar-se de uma força para fazê-la sua. O combate-entre é o processo pelo qual uma força se enriquece ao se apossar de outras forças somando-se a elas num novo conjunto, num devir. Pode-se dizer que as cartas de amor são um combate contra a noiva, cujas inquietantes forças carnívoras trata-se de repelir, mas é igualmente um combate *entre* as forças do noivo e forças animais que ele associa a si para melhor fugir daquela de quem teme ser a presa, forças também vampíricas que ele vai utilizar a fim de sugar o sangue da mulher antes que ela o devore, todas essas associações de forças constituindo devires, um devir-animal, um *[166]* devir-vampiro, talvez até um devir-mulher que só se pode obter por meio do combate.[18]

Em Artaud o combate é contra deus, o ladrão, o falsário, mas a empreitada só é possível porque o combatente trava ao mesmo tempo o combate dos princípios ou potências, que se realiza na pedra, no animal, na mulher, de sorte que é tornando-se (devir pedra, animal ou mulher) que o combatente pode lançar-se "contra" seu inimigo, com todos esses aliados que lhe proporciona o outro combate.[19] Em Lawrence aparece constantemente um tema semelhante: o homem e a mulher tratam-se com frequência como dois inimigos, mas esse é o aspecto mais medíocre de seu combate, próprio de uma cena conjugal; mais profundamente, o homem e a mulher são dois fluxos que devem lutar, que podem se apossar um do outro alternadamente ou se separar votando-se à castidade, que é

[18] Cf. as alusões de Kafka nas *Lettres à Milena*, Paris, Gallimard, p. 260.

[19] Sobre o combate dos princípios, a Vontade, o masculino e o feminino, Artaud, *Les Tarahumaras*, "o rito do peiote"; e *Héliogabale*, "a guerra dos princípios", "a anarquia" ("combate do UNO que se divide permanecendo UNO. Do homem que se torna mulher e permanece perpetuamente homem".

ela mesma uma força, um fluxo.[20] Lawrence reencontra Nietzsche intensamente: tudo o que é bom provém de um combate, e o mestre comum de ambos é o pensador do combate, Heráclito.[21] Nem Artaud nem Lawrence nem Nietzsche suportam o Oriente e seu ideal de não combate; os lugares mais memoráveis são para eles a Grécia, a Etrúria, o México, todos os lugares em que as coisas advêm ou devêm no curso do combate que lhes compõe as forças. Mas sempre que nos querem fazer renunciar ao combate, é um "nada de vontade" que nos é proposto, uma divinização do sonho, um culto da morte, mesmo sob sua forma mais suave, a de Buda ou de Cristo enquanto pessoa (independentemente do que dele faz São Paulo).

Porém o combate tampouco é uma "vontade de nada". O combate não é de modo algum a guerra. A guerra é somente o combate-contra, uma vontade de destruição, um juízo de Deus que converte a destruição em algo "justo". O juízo de Deus está a favor da guerra, e de modo algum do *[167]* combate. Mesmo quando se apodera de outras forças, a força da guerra começa por mutilá-las, por reduzi-las ao estado mais baixo. Na guerra, a vontade de potência significa apenas que a vontade quer a potência como um máximo de poder ou de dominação. Nietzsche e Lawrence verão nisso o mais baixo grau da vontade de potência, sua doença. Artaud começa evocando a relação de guerra EUA-URSS; Lawrence descreve o imperialismo da morte, dos antigos romanos aos fascistas modernos.[22] É para melhor mostrar que o combate *não passa* por aí. O combate, ao contrário, é essa poderosa vitalidade não orgânica que completa a força com a força e enriquece aquilo de que se apossa. O bebê apresenta essa vitalidade, querer-viver obstinado, cabeçudo, indomável, diferente de qualquer vida orgânica: com

[20] D. H. Lawrence, *passim*, e sobretudo *Eros et les chiens*, "Nous avons besoin des autres", Paris, Christian Bourgois, 1969.

[21] CF. Artaud, *Le Mexique et la civilisation*, VIII: a invocação a Heráclito e a alusão a Lawrence.

[22] Cf. Artaud, o começo de *Pour en finir*...; e Lawrence, início das *Promenades étrusques*, Paris, Gallimard.

uma criancinha já se tem uma relação pessoal orgânica, mas não com o bebê, que concentra em sua pequenez a energia suficiente para arrebentar os paralelepípedos (o bebê-tartaruga de Lawrence).[23] Com o bebê só se tem relação afetiva, atlética, impessoal, vital. Não há dúvida de que num bebê a vontade de potência se manifesta de maneira infinitamente mais precisa que no homem de guerra. Pois o bebê é combate, e o *pequeno* é a sede irredutível das forças, a prova mais reveladora das forças. Os quatro autores são tomados por processos de "miniaturização", de "minoração": Nietzsche, que pensa o jogo, ou a criança-jogadora; Lawrence ou "o pequeno Pan"; Artaud, o garotinho, "um eu de criança, uma consciência criancinha"; Kafka, "o grande envergonhado que se faz pequenino".[24]

Uma potência é uma idiossincrasia de forças em que a força dominante se transforma ao passar para as dominadas, e as dominadas ao passar para a dominante: centro de metamorfose. É o que Lawrence denomina um *símbolo*, um composto intensivo que vibra e se estende, que não quer dizer nada, mas nos faz girar até captar em todas as direções o *[168]* máximo de forças possíveis, cada uma das quais recebe sentidos novos ao entrar em relação com as demais. A decisão não é um juízo, nem a consequência orgânica de um juízo: ela jorra vitalmente de um turbilhão de forças que nos arrasta no combate.[25] Ela resolve o combate sem suprimi-lo nem encerrá-lo. Ela é o relâmpago adequado à noite do símbolo. Os quatro autores de que falamos podem ser ditos simbolistas. *Zaratustra*, o livro dos símbolos, livro combatente por excelência.

[23] D. H. Lawrence, *Poèmes*, o belíssimo poema "Baby tortoise" (Paris, Aubier, 1976; cf. pp. 297-301).

[24] Kafka, citado por Canetti, p. 119: "Duas possibilidades, fazer-se infinitamente pequeno ou sê-lo. A segunda seria o consumado, portanto a inação; a primeira, o começo, portanto a ação". É Dickens quem fez da miniaturização um procedimento literário (a rapariga enferma); Kafka retoma o procedimento em *O processo*, onde os dois policiais apanham dentro do armário como criancinhas em *O castelo*, quando os adultos se banham na selha e enlameiam as crianças.

[25] D. H. Lawrence, *Apocalypse*.

Uma tendência análoga de multiplicar e enriquecer as forças, de atrair um máximo delas reagindo umas sobre as outras, aparece no aforismo de Nietzsche, na parábola de Kafka. Entre o teatro e a peste, Artaud cria um símbolo no qual cada uma das duas forças duplica e relança a outra. Tomemos como exemplo o cavalo, besta apocalíptica: o cavalo que ri em Lawrence, o cavalo que enfia a cabeça na janela e me olha em Kafka, o cavalo "que é o sol" em Artaud, ou então o asno que diz *Ia* em Nietzsche, eis algumas figuras que constituem outros tantos símbolos ao aglomerar forças, ao constituir compostos de potência.

O combate não é um juízo de deus, mas a maneira de acabar de vez com deus e com o juízo. Ninguém se desenvolve por juízo, mas por combate que não implica juízo algum. Cinco características nos pareceram opor a existência ao juízo: *a crueldade contra o suplício infinito, o sono ou a embriaguez contra o sonho, a vitalidade contra a organização, a vontade de potência contra um querer-dominar, o combate contra a guerra*. O que nos incomodava era que, renunciando ao juízo, tínhamos a impressão de nos privarmos de qualquer meio para estabelecer diferenças entre existentes, entre modos de existência, como se a partir daí tudo se equivalesse. Mas não é antes o juízo que supõe critérios preexistentes (valores superiores), e preexistentes desde sempre (no infinito do tempo), de tal maneira que não consegue apreender o que há de novo num existente, nem sequer pressentir a criação de um modo de existência? Um tal modo se cria vitalmente, através do combate, na insônia do sono, não sem certa crueldade contra si mesmo: nada de tudo isso resulta do juízo. O juízo impede a chegada de qualquer novo modo de existência. *[169]* Pois este se cria por suas próprias forças, isto é, pelas forças que sabe captar, e vale por si mesmo, na medida em que faz existir a nova combinação. Talvez esteja aí o segredo: fazer existir, não julgar. Se julgar é tão repugnante, não é porque tudo se equivale, mas ao contrário porque tudo o que vale só pode fazer-se e distinguir-se desafiando o juízo. Qual juízo de perito, em arte, poderia incidir sobre a obra futura? Não temos por que julgar os demais existentes, mas sentir se eles nos convêm ou desconvêm, isto é, se nos trazem forças ou então nos remetem às misérias da guerra, às pobrezas do sonho, aos rigores da organização. Como disse Espinosa, é um problema de amor e ódio, não de juízo: "Minha alma e meu corpo formam um todo... O que minha alma ama, eu também amo, o que minha alma odeia, eu odeio... Todas as sutis simpatias da alma inumerável, do mais amargo ódio ao amor mais apaixonado".[26] Não é subjetivismo, pois colocar o problema nesses termos de força, e não em outros termos, já supera qualquer subjetividade.

[26] D. H. Lawrence, *Études sur la littérature classique américaine*, Paris, Seuil, 1948, p. 217.

16.
PLATÃO, OS GREGOS
[170]

O platonismo aparece como doutrina seletiva, seleção dos pretendentes, dos rivais. Toda coisa ou todo ser pretendem certas qualidades. Trata-se de julgar da pertinência ou da legitimidade das pretensões. A Ideia é colocada por Platão como aquilo que possui uma qualidade em primeiro lugar (necessária e universalmente); ela deverá permitir, graças a algumas provas, determinar aquilo que possui a qualidade em segundo lugar, em terceiro, conforme a natureza da participação. Tal é a doutrina do juízo. O pretendente legítimo é o participante, aquele que possui em segundo lugar, aquele cuja pretensão é validada pela Ideia. O platonismo é a Odisseia filosófica que se prolonga no neoplatonismo. Ora, ele afronta a sofística como seu inimigo, mas também como seu limite e seu duplo: por pretender tudo ou qualquer coisa, o sofista corre sério risco de confundir a seleção, de perverter o juízo.

Esse problema tem sua fonte na cidade. Por recusarem qualquer transcendência imperial bárbara, as sociedades gregas, as cidades (mesmo no caso das tiranias) formam campos de imanência. Estes são preenchidos, povoados por sociedades de amigos, isto é, rivais livres, cujas pretensões entram a cada vez num *agôn* de emulação e se exercem nos domínios mais diversos: amor, atletismo, política, magistraturas. Tal regime acarreta, obviamente, uma importância determinante da opinião. Isso é particularmente evidente no caso de Atenas e de sua democracia: *autoctonia*, *philia*, *doxa* são os três traços fundamentais e as condições em que nasce e se desenvolve a filosofia. A filosofia pode em espírito criticar esses traços, superá-los, corrigi-los, mas continua atrelada a eles. O filósofo grego invoca uma ordem imanente ao cosmos, como o mostrou Vernant. Ele se apresenta como o amigo *[171]* da sabedoria (e não como um sábio à maneira oriental). Propõe-se "retificar", tornar segura a opinião dos homens. São essas as características que sobrevivem nas sociedades ocidentais, ainda que aí ganhem um novo sentido, e que explicam a permeância da filosofia na economia de nosso mundo democrático: campo de imanência do "capital", sociedade dos irmãos ou dos camaradas que cada revolução invoca (e livre concorrência entre irmãos), reino da opinião.

Mas o que Platão critica na democracia ateniense é que todo mundo aí pretende não importa o quê. Donde seu empreendimento de restaurar critérios de seleção entre rivais. Ele se verá obrigado a erigir um novo tipo de transcendência, diferente da transcendência imperial ou mítica (ainda que ao utilizar o mito Platão lhe atribua uma função especial). Terá de inventar uma transcendência que se exerce e se encontra *no* próprio campo de imanência: tal é o sentido da teoria das Ideias. E a filosofia moderna não cessará de seguir Platão nesse aspecto: reencontrar uma transcendência no seio do imanente como tal. O presente envenenado do platonismo foi ter introduzido a transcendência em filosofia, ter dado à transcendência um sentido filosófico plausível (triunfo do juízo de Deus). Esse empreendimento entra em choque com muitos paradoxos e aporias que concernem precisamente ao estatuto da *doxa* (*Teeteto*), a natureza da amizade e do amor (*Banquete*), a irredutibilidade de uma imanência da Terra (*Timeu*).

Qualquer reação contra o platonismo é um restabelecimento da imanência em sua extensão e em sua pureza, que proíbe o retorno de um transcendente. A questão é saber se tal reação abandona o projeto de seleção dos rivais, ou, ao contrário, como acreditavam Espinosa e Nietzsche, estabelece métodos de seleção inteiramente diferentes: estes não incidem sobre as pretensões como atos de transcendência, mas sobre a maneira pela qual o existente se enche de imanência (o Eterno Retorno, como a capacidade de alguma coisa ou de alguém de retornar eternamente). A seleção não recai sobre a pretensão, mas sobre a potência. A potência é modesta, contrariamente à pretensão. Na verdade, só escapam ao platonismo as filosofias da imanência pura: dos estoicos a Espinosa ou Nietzsche.

17. ESPINOSA E AS TRÊS *ÉTICAS* [172]

"Não sou nenhum Espinosa para fazer piruetas no ar."
Tchekhov, *La noce*, Pléiade I, p. 618

À primeira leitura, a *Ética* pode parecer um longo movimento contínuo, que vai quase em linha reta, de uma potência e serenidade incomparáveis, que passa e repassa pelas definições, axiomas, postulados, proposições, demonstrações, corolários e escólios, arrastando o todo em seu curso grandioso. É como um rio que ora se alarga, ora se divide em mil braços; às vezes ganha velocidade, outras desacelera, mas sempre afirmando sua unidade radical. E o latim de Espinosa, aparentemente escolar, parece constituir o navio sem idade que segue o rio eterno. Porém, à medida que as emoções vão invadindo o leitor, ou graças a uma segunda leitura, essas duas impressões revelam-se errôneas. Esse livro, um dos maiores do mundo, não é como se acreditava inicialmente: não é homogêneo, retilíneo, contínuo, sereno, navegável, linguagem pura e sem estilo.

A *Ética* apresenta três elementos que constituem não só conteúdos, mas formas de expressão: os Signos ou afectos; as Noções ou conceitos; as Essências ou perceptos. Correspondem aos três gêneros de conhecimento, que também são modos de existência e de expressão.

Um signo, segundo Espinosa, pode ter vários sentidos. Mas é sempre um *efeito*. Um efeito é, primeiramente, o vestígio de um corpo sobre um outro, o estado de um corpo que tenha sofrido a ação de um outro corpo: é uma *affectio* — por exemplo, o efeito do sol em nosso corpo, que "indica" a natureza do corpo afetado e "envolve" *[173]* apenas a natureza do corpo afetante. Conhecemos nossas afecções pelas ideias que temos, sensações ou percepções, sensações de calor, de cor, percepção de forma e de distância (o sol está no alto, é um disco de ouro, está a duzentos pés...). Poderíamos chamá-los, por comodidade, de signos *escalares*, já que exprimem nosso estado num momento do tempo e se distinguem assim de um outro tipo de signos: é que o estado atual sempre é um corte de nossa duração e determina, a esse título, um aumento ou uma diminuição, uma expansão ou uma restrição de nossa existência na duração em relação ao estado precedente, por mais próximo que este esteja. Não é que comparamos os dois estados numa operação reflexiva, mas cada estado de afecção determina uma passagem para um "mais" ou para um "menos": o calor do sol me preenche, ou então, ao contrário, sua ardência me repele. A afecção, pois, não só é o efeito instantâneo de um corpo sobre o meu mas tem também um efeito sobre minha própria duração, prazer ou dor, alegria ou tristeza. São passagens, devires, ascensões e quedas, variações contínuas de potência que vão de um estado a outro: serão chamados afectos, para falar com propriedade, e não mais afecções. São signos de crescimento e de decréscimo, signos *vetoriais* (do tipo alegria-tristeza), e não mais escalares, como as afecções, sensações ou percepções.

De fato, há um grande número de tipos de signos. Os signos escalares dividem-se em quatro tipos principais: os primeiros, efeitos físicos sensoriais ou perceptivos, envolvem tão somente a natureza de sua causa, são essencialmente *indicativos* e indicam nossa própria natureza mais do que outra coisa. Em segundo lugar, nossa natureza, sendo finita, retém daquilo que a afeta somente tal ou qual característica selecionada (o homem animal vertical, ou racional, ou que ri). Esses signos são *abstrativos*. Em terceiro lugar, sendo o signo sempre efeito, tomamos o efeito por um fim, ou a ideia do efeito pela causa (visto que o sol esquenta, acreditamos que ele é feito "para" nos esquentar; já que o fruto tem um gosto amargo, Adão acredita que ele não "deveria" ser comido). Neste caso, trata-se de efeitos morais, ou de signos *imperativos*: Não comas deste fruto! Põe-te ao sol! Os últimos signos escalares, por fim, são efeitos imaginários: nossas sensações e percepções nos fazem pensar em seres suprassensíveis que seriam sua causa *[174]* última, e, inversamente, nós nos figuramos esses seres à imagem desmesuradamente aumentada daquilo que nos afeta (Deus como sol infinito, ou então como Príncipe ou Legislador). São signos *hermenêuticos* ou *interpretativos*. Os profetas, que são os maiores especialistas em signos, combinam de modo primoroso os abstrativos, os imperativos e os interpretativos. Um capítulo célebre do *Tratado teológico-político* acrescenta a esse respeito a potência do cômico e a profundidade da análise. Há portanto quatro signos escalares de afecção, que poderiam denominar-se: os índices sensíveis, os ícones lógicos, os símbolos morais, os ídolos metafísicos.

Existem ainda dois tipos de signos vetoriais de afecto, conforme o vetor seja de aumento ou de diminuição, de crescimento ou de decréscimo, de alegria ou de tristeza. Essas duas espécies de signos seriam denominadas potências aumentativas e servidões diminutivas. Poderíamos acrescentar uma terceira espécie, os signos ambíguos ou flutuantes, quando uma afecção a um só tempo aumenta e diminui nossa potência, ou nos afeta ao mesmo tempo de alegria e de tristeza. Há pois seis signos, ou sete, que não param de se combinar. Os signos escalares, em especial, se combinam necessariamente com signos vetoriais. Os afectos supõem sempre afecções de onde derivam, embora não se reduzam a elas.

As características comuns a todos esses signos são a associabilidade, a variabilidade e a equivocidade ou a analogia. As afecções variam segundo as cadeias de associação entre os corpos (o sol endurece a argila e derrete a cera, o cavalo não é o mesmo para o guerreiro e para o camponês). Os próprios efeitos morais variam conforme os povos; e cada profeta tem signos pessoais aos quais sua imaginação responde. Quanto às interpretações, são fundamentalmente equívocas segundo a associação variável que se opera entre um dado e alguma coisa que não é dada. É uma linguagem equívoca ou de analogia que empresta a Deus um entendimento e uma vontade infinitas, à imagem ampliada de nosso entendimento e de nossa vontade: trata-se de um equívoco semelhante ao que se dá entre o cão animal que ladra e o Cão constelação celeste. Se os signos são, como as palavras, convencionais, é precisamente porque operam sobre signos naturais e classificam apenas sua variabilidade e equivocidade: os signos convencionais são Abstratos que fixam uma constante relativa para *[175]* cadeias de associação variáveis. A distinção convencional-natural não é pois determinante para os signos, como tampouco o é a distinção Estado social-estado de natureza; até os signos vetoriais podem depender de convenções, como as recompensas (aumento) e as punições (diminuição). Os signos vetoriais em geral, isto é, os afectos, entram em associações variáveis tanto quanto as afecções: o que é crescimento para uma parte do corpo pode ser diminuição para outra parte, o que é servidão de um é potência de outro, e uma ascensão pode ser seguida de uma queda e inversamente.

Os signos *não têm por referente direto objetos*. São estados de corpo (afecções) e variações de potência (afectos) que remetem uns aos outros. Os signos remetem aos signos. Têm por referente misturas confusas de corpos e variações obscuras de potência, segundo uma ordem que é a do Acaso ou do encontro fortuito entre os corpos. Os signos são efeitos: efeito de um corpo sobre outro no espaço, ou afecção; efeito de uma afecção sobre uma duração, ou afecto. Na esteira dos estoicos, Espinosa fende a causalidade em duas cadeias bem distintas: os efeitos entre si, sob a condição de que as causas, por seu turno, sejam apreendidas entre si. Os efeitos remetem aos efeitos, assim como os signos remetem aos signos: consequências separadas de suas premissas. Por isso é necessário compreender o "efeito" não só causalmente, mas opticamente. Os efeitos ou signos são *sombras* que se movem na superfície dos corpos, sempre entre dois corpos. A sombra está sempre na borda. É sempre um corpo que faz sombra a um outro corpo. Por isso conhecemos os corpos pela sombra que fazem sobre nós, e é por nossa sombra que nos conhecemos, a nós mesmos e ao nosso corpo. Os signos são *efeitos de luz* num espaço preenchido por coisas que vão se chocando ao acaso. Se Espinosa se distingue essencialmente de Leibniz, é porque este, próximo de uma inspiração barroca, vê no Sombrio (*fuscum subnigrum*) uma matriz, uma premissa, de onde sairão o claro-escuro, as cores e mesmo a luz. Em Espinosa, ao contrário, tudo é luz, e o Sombrio não passa de sombra, um mero efeito de luz, um limite da luz sobre corpos que o refletem (afecção) ou o absorvem (afecto): está mais próximo de Bizâncio que do Barroco. Em vez de uma luz que sai dos graus de sombra por acumulação do vermelho, *[176]* tem-se uma luz que cria graus de sombra azul. O claro-escuro é ele mesmo um efeito de esclarecimento ou de assombreamento da sombra: as variações de potência ou signos vetoriais constituem os graus de claro-escuro, já que o aumento de potência é um esclarecimento, a diminuição de potência, um assombreamento.

Se consideramos o segundo elemento da *Ética*, vemos surgir uma oposição determinante aos signos: *as noções comuns são conceitos de objetos*, e os objetos são causas. A luz já não é refletida ou absorvida pelos corpos que produzem sombra, ela torna os corpos transparentes ao revelar-lhes a "estrutura" íntima (*fabrica*). É o segundo aspecto da luz; e o entendimento é a apreensão verdadeira das estruturas do corpo, enquanto a imaginação era só a captação da sombra de um corpo sobre outro. Também aí trata-se de óptica, mas de uma geometria óptica. A estrutura, com efeito, é geométrica, e consiste em linhas sólidas, mas que se formam e se deformam, agindo como causa. O que constitui a estrutura é uma relação composta, de movimento e repouso, de velocidade e lentidão, que se estabelece entre as partes infinitamente pequenas de um corpo transparente. Como as partes vão sempre por infinidades maiores ou menores, em cada corpo há uma infinidade de relações que se compõem e se decompõem, de maneira que o corpo por sua vez penetra num corpo mais vasto, sob uma nova relação composta, ou, ao contrário, põe em evidência os corpos menores sob suas relações componentes. Os modos são estruturas geométricas, porém fluentes, que se transformam e se deformam na luz a velocidades variáveis. A estrutura é ritmo, isto é, encadeamento de figuras que compõem e decompõem suas relações. Ela é a causa das inconveniências entre corpos, quando as relações se decompõem, e das conveniências, quando as relações compõem alguma nova relação. Mas é uma dupla direção simultânea. O quilo e a linfa são dois corpos tomados em duas relações que constituem o sangue sob uma relação composta, com o risco de um veneno vir a decompor o sangue. Se aprendo a nadar, ou a dançar, é preciso que meus movimentos e meus repousos, minhas velocidades e minhas lentidões ganhem um ritmo comum aos do *[177]* mar, ou do parceiro, segundo um ajuste mais ou menos durável. A estrutura sempre tem vários corpos em comum e remete a um conceito de objeto, isto é, a uma noção comum. *A estrutura ou o objeto é formado por dois corpos pelo menos*, sendo cada um destes formado por dois ou mais corpos ao infinito, que se unem no outro sentido em corpos cada vez mais vastos e compostos, até o único objeto da Natureza inteira, estrutura infinitamente transformável e deformável, ritmo universal, *Facies totius Naturae*, modo infinito. As noções comuns são universais, mas o são "mais ou menos", segundo formem o conceito de dois corpos pelo menos ou o de todos os corpos possíveis (estar no espaço, estar em movimento e em repouso...).

Assim compreendidos, os modos são projeções. Ou melhor, as variações de um objeto são projeções que *envolvem* uma relação de movimento e repouso como seu invariante (involução). E visto que cada relação se completa com todas as demais ao infinito numa ordem cada vez variável, essa ordem é o perfil ou a projeção que envolve cada vez a face da Natureza inteira ou a relação de todas as relações.[1]

Os modos como projeção de luz são igualmente cores, *causas colorantes*. As cores entram em relações de complementaridade e de contraste que fazem com que cada uma, no limite, reconstitua o todo e que todas se reúnam no branco (modo infinito) segundo uma ordem de composição ou saiam dele na ordem de decomposição. De cada cor é preciso dizer o que Goethe dizia do branco: é a opacidade própria ao transparente puro.[2] A estrutura sólida e retilínea é necessariamente colorida, pois quando a luz torna o cor-

[1] Yvonne Toros (*Spinoza et l'espace projectif*, tese Paris-VIII) faz valer diversos argumentos para mostrar que a geometria que inspira Espinosa não é a de Descartes ou sequer a de Hobbes, mas uma geometria projetiva óptica à maneira de Desargues. Esses argumentos parecem decisivos e implicam, como veremos, uma nova compreensão do spinozismo. Num trabalho anterior (*Espace et transformation: Spinoza*, Paris-I, 1981), Yvonne Toros confrontava Espinosa e Vermeer e esboçava uma teoria projetiva da cor em função do *Traité de l'arc-en-ciel*.

[2] Goethe, *Traité des couleurs*, Paris, Triades, 1973, par. 494. E sobre a tendência de cada cor em reconstituir o todo, cf. par. 803-15.

po transparente é a opacidade que se revela. Assim se afirma uma diferença de natureza *entre a cor e a sombra, a causa colorante e o efeito de sombra*, uma que *[178]* "termina" adequadamente a luz, a outra que a abole no inadequado. De Vermeer pôde-se dizer que substituía o claro-escuro pela complementaridade e o contraste das cores. Não que a sombra desapareça, mas ela permanece como um efeito isolável de sua causa, uma consequência separada, um signo extrínseco distinto das cores e de suas relações.[3] Em Vermeer vemos a sombra avultar, sobressair, a fim de enquadrar ou margear o fundo luminoso de onde procede ("a leiteira", "o colar de pérolas", "a carta de amor"). É nisso que Vermeer se opõe à tradição do claro-escuro; e em todos esses aspectos Espinosa continua infinitamente mais próximo de Vermeer que de Rembrandt.

A distinção entre os signos e os conceitos parece pois irredutível, insuperável, como em Ésquilo: "Não é mais por uma linguagem muda, nem pela fumaça de um fogo flamejante sobre um cimo que ele vai exprimir-se, mas em termos claros...".[4] Os signos ou afectos são ideias inadequadas e paixões; as noções comuns ou conceitos são ideias adequadas das quais decorrem verdadeiras ações. Se nos reportamos à clivagem da causalidade, os signos remetem aos signos assim como os efeitos aos efeitos, segundo um *encadeamento associativo* que depende de uma ordem como simples encontro ao acaso dos corpos físicos. Os conceitos, entretanto, remetem aos conceitos, ou as causas às causas, o que se dá segundo um *encadeamento dito automático*, determinado pela ordem necessária das relações ou proporções, pela sucessão determinada de suas transformações e deformações. Assim, pois, contrariamente ao que acreditávamos, parece que os signos e os afectos não são e não podem ser um elemento positivo da *Ética*, e menos ainda uma forma de expressão. O gênero de conhecimento que eles constituem não

[3] Cf. Ungaretti (*Vermeer*, Caen, L'Échoppe, 1990): "Cor que ele vê como uma cor em si, como luz, e cuja sombra também vê, e isola, quando a vê [...]". Reportar-se igualmente à peça de teatro de Gilles Aillaud, *Vermeer et Spinoza*, Paris, Christian Bourgois, 1987.

[4] Ésquilo, *Agamêmnon*, vv. 495-500.

seria bem um conhecimento, mas antes uma experiência onde se encontram ao acaso ideias confusas de misturas entre corpos, imperativos brutos para evitar tal mistura e buscar tal outra e interpretações mais ou menos delirantes dessas situações. É uma linguagem material *[179]* afetiva mais que uma forma de expressão e que se assemelha de preferência aos gritos do que ao discurso do conceito. Parece então que se os signos-afectos intervêm na *Ética* é só para serem severamente criticados, denunciados, devolvidos à sua noite em que a luz ricocheteia ou na qual ela perece.

Contudo, não pode ser assim. O Livro II da *Ética* expõe as noções comuns começando pelas "mais universais" (as que convêm a todos os corpos): supõe que os conceitos já sejam dados, donde a impressão de que nada devem aos signos. Mas quando se pergunta *como* chegamos a formar um conceito, ou como remontamos dos efeitos às causas, é preciso efetivamente que ao menos certos signos nos sirvam de trampolim e que certos afectos nos proporcionem o impulso necessário (Livro V). No encontro ao acaso entre corpos podemos selecionar a ideia de certos corpos que convêm com o nosso e que nos dão alegria, isto é, aumentam nossa potência. E só quando nossa potência aumentou suficientemente, a um ponto sem dúvida variável para cada um, entramos na posse dessa potência e nos tornamos capazes de formar um conceito, começando pelo menos universal (conveniência de nosso corpo com *algum* outro), mesmo se na sequência devemos atingir conceitos cada vez mais amplos segundo a ordem de composição das relações. Há portanto uma *seleção* dos afectos passionais, e das ideias de que eles dependem, que deve liberar alegrias, signos vetoriais de aumento de potência, e repelir as tristezas, signos de diminuição: tal seleção dos afectos é a própria condição para sair do primeiro gênero de conhecimento e atingir o conceito adquirindo uma potência suficiente. Os signos de aumento continuam sendo paixões, e as ideias que eles supõem permanecem inadequadas: nem por isso deixam de ser os precursores das noções, os sombrios precursores. Ainda mais: quando as noções comuns forem atingidas, e ações decorrerem delas como afectos ativos de um novo tipo, não desaparecerão as ideias inadequadas e os afectos passionais, isto é, os signos, nem as tristezas inevitáveis. Subsistirão, duplicarão as noções, porém perderão seu caráter exclusivo e tirânico em favor das noções e das ações. Nos signos, portanto, há alguma coisa que ao mesmo tempo prepara e duplica os *[180]* conceitos. Os raios de luz são ao mesmo tempo preparados e acompanhados por esses processos que continuam a operar na sombra. *Os valores do claro-escuro se reintroduzem* em Espinosa, já que a alegria como paixão é um signo de esclarecimento que nos conduz à luz das noções. E a *Ética* não pode privar-se de uma forma de expressão passional e por signos, única capaz de operar a indispensável seleção sem a qual permaneceríamos condenados ao primeiro gênero.

Essa seleção é muito dura, muito difícil. É que as alegrias e as tristezas, os aumentos e as diminuições, os esclarecimentos e os assombreamentos costumam ser ambíguos, parciais, cambiantes, misturados uns aos outros. E sobretudo muitos são os que só podem assentar seu Poder na tristeza e na aflição, na diminuição de potência dos outros, no assombreamento do mundo: fingem que a tristeza é uma promessa de alegria e já uma alegria por si mesma. Instauram o culto da tristeza, da servidão ou da impotência, da morte. Não param de emitir e impor signos de tristeza, que apresentam como ideais e alegrias às almas que eles mesmos tornaram enfermos. É o caso do par infernal, o Déspota e o Sacerdote, terríveis "juízes" da vida. A seleção dos signos ou dos afectos como primeira condição para o nascimento do conceito não implica, pois, só o esforço pessoal que cada um deve fazer sobre si mesmo (Razão), mas uma luta passional, um combate afectivo inexpiável em que se corre risco de vida, onde os signos afrontam os signos e os afectos se entrechocam com os afectos, para que um pouco de alegria seja salva, fazendo-nos sair da sombra e mudar de gênero. Os gritos da linguagem dos signos marcam essa luta das paixões, das alegrias e das tristezas, dos aumentos e diminuições de potência.

A *Ética*, pelo menos na sua quase totalidade, está escrita em noções comuns, a começar pelas mais gerais e com um desenvolvimento incessante de suas consequências. Ela supõe que as noções comuns já estão adquiridas ou dadas. A *Ética* é o discurso do conceito. É um sistema discursivo e dedutivo. Donde seu aspecto de longo rio tranquilo e poderoso. As definições, os axiomas, os postulados, as proposições, demonstrações e corolários formam um curso grandioso. E quando um ou outro desses elementos trata das ideias inadequadas e das paixões, *[181]* é para denunciar-lhes a insuficiência, para as repelir tanto quanto possível como outros tantos sedimentos das margens. Mas há um outro elemento que só aparentemente é da mesma natureza que os precedentes. São os "escólios", que apesar de inseridos na cadeia demonstrativa possuem um tom de todo diferente que o leitor percebe rapidamente. É um outro estilo, quase uma outra língua. Eles operam na sombra, se esforçam por desemaranhar aquilo que nos impede e aquilo que, ao contrário, nos permite chegar às noções comuns, aquilo que diminui nossa potência e aquilo que a aumenta, os tristes signos de nossa servidão e os signos alegres de nossas liberações. Denunciam os personagens que se ocultam por trás das nossas diminuições de potência, os que têm interesse em manter e propagar a tristeza, o déspota e o sacerdote. Anunciam o signo ou a condição do novo homem, aquele que aumentou sua potência o suficiente a ponto de formar conceitos e converter os afectos em ações.

Os escólios são ostensivos e polêmicos. Se é verdade que os escólios remetem aos escólios, no mais das vezes vê-se que eles constituem por si mesmos uma cadeia específica, distinta da dos elementos demonstrativos e discursivos. Inversamente, as demonstrações não remetem aos escólios, mas a outras demonstrações, definições, axiomas e postulados. Se os escólios se inserem na cadeia demonstrativa é, pois, menos porque dela fazem parte do que porque a cortam e a recortam, em virtude de sua natureza própria. É como uma cadeia quebrada, descontínua, subterrânea, vulcânica, que a intervalos irregulares vem interromper a cadeia dos elementos demonstrativos, a grande cadeia fluvial e contínua. Cada escólio é como um farol que troca seus sinais com outros, a distância e através do fluxo das demonstrações. É como uma língua de fogo que se distingue da linguagem das águas. Sem dúvida é o mesmo latim, aparentemente, mas dir-se-ia que nos escólios o latim traduz o hebraico. Os escólios formam por si só um livro da Cólera e do Riso, como se fosse a contra-Bíblia de Espinosa. É o livro dos Signos, que acompanha incessantemente a Ética mais visível, o livro do Conceito, e que só surge por conta própria em pontos de explosão. Nem por isso deixa de ser um elemento perfeitamente positivo e uma forma de expressão autônoma na composição da dupla Ética. Ambos os livros, as duas *Éticas*, coexistem, uma desenrolando as noções livres *[182]* conquistadas à luz das transparências, enquanto a outra, no mais profundo da mistura escura dos corpos, prossegue o combate entre as servidões e as liberações. Duas *Éticas* pelo menos, que têm um só e mesmo sentido, mas não a mesma língua, como duas versões da linguagem de Deus.

Robert Sasso aceita o princípio de uma diferença de natureza entre a cadeia dos escólios e o encadeamento demonstrativo. Todavia nota que não cabe considerar o próprio encadeamento demonstrativo como um curso homogêneo, contínuo e retilíneo, que se desenrolaria ao abrigo das turbulências e dos acidentes. Não só porque os escólios, irrompendo na sequência das demonstrações, quebram seu curso aqui ou ali. É nele mesmo, diz Sasso, que o conceito passa por momentos muito variáveis: definições, axiomas, postulados, demonstrações mais ou menos lentas ou rápidas.[5] E Sasso certamente tem razão. Seria possível distinguir *estações*, *braços*, *volteios*, *anéis*, precipitações e desacelerações etc. Os prefácios e apêndices, que marcam o início e o fim das grandes partes, são como estações em que o navio que navega pelo rio permite que subam a bordo novos viajantes e desembarquem outros, antigos; neles costuma-se operar a confluência das demonstrações e dos escólios. Os braços aparecem quando uma mesma proposição pode ser demonstrada de diversas maneiras. E os volteios, quando o rio muda de orientação: é graças a um volteio que uma única substância é estabelecida para todos os atributos, ao passo que a montante cada atributo podia ter uma substância e somente uma. Da mesma maneira, um volteio introduz a física dos corpos. Os corolários, por sua vez, constituem derivações que retornam circularmente à proposição demonstrada. Por fim, as séries de demonstrações dão testemunho de velocidades e lentidões relativas, conforme o rio alarga seu curso ou o estreita: por exemplo, Espinosa sempre sustentará que não se pode partir de Deus, da ideia de Deus, mas que

[5] Cf. Robert Sasso, "Discours et non-discours de l'*Ethique*", *Revue de Synthèse*, nº 89, jan. 1978.

é preciso chegar a ela *o mais rápido possível*. Haveria que distinguir muitas outras figuras demonstrativas. Todavia, sejam quais forem essas variedades, trata-se do mesmo rio que perdura através de todos os seus estados e que forma a *Ética* do *[183]* conceito ou do segundo gênero de conhecimento. Por isso acreditamos ser mais importante a diferença entre os escólios e os demais elementos, já que é ela, em última instância, que dá conta das diferenças entre elementos demonstrativos. O rio não conheceria tantas aventuras sem a ação subterrânea dos escólios. São eles que escandem as demonstrações, garantem as guinadas. Toda a *Ética* do conceito, na sua variedade, requer uma *Ética* dos signos em sua especificidade. A variedade do curso das demonstrações não corresponde termo a termo aos abalos e impulsos dos escólios, e contudo os supõe, os envolve.

Mas talvez haja ainda uma terceira *Ética*, representada pelo Livro V, encarnada no Livro V, ou ao menos em grande parte do Livro V. Não é, pois, como as duas outras, que coexistem em todo o percurso; esta ocupa um lugar preciso, o último. Mas desde o início era como o foco, o ponto-foco que já agia antes mesmo de aparecer. É preciso conceber o Livro V como coextensivo a todos os demais; tem-se a impressão de chegar a ele, mas ele estava ali o tempo todo, desde sempre. É o terceiro elemento da lógica de Espinosa: não mais signos ou afectos, nem os conceitos, mas as Essências ou Singularidades, os Perceptos. É o terceiro estado da luz. Não mais signos de sombra nem a luz como cor, mas a luz em si mesma e por si mesma. As noções comuns (conceitos) são reveladas pela luz que atravessa os corpos e os torna transparentes; elas remetem, pois, a figuras ou estruturas geométricas (*fabrica*), tanto mais vivas quanto são transformáveis e deformáveis num espaço projetivo, submetidas às exigências de uma geometria projetiva, à maneira de Desargues. Mas as essências são de uma natureza inteiramente diferente: *puras figuras de luz* produzidas pelo Luminoso substancial (e não mais figuras geométricas reveladas pela luz).[6]

[6] A ciência encontra esse problema das figuras geométricas e das figu-

Observou-se com frequência que as ideias *[184]* platônicas, e mesmo as cartesianas, continuavam sendo "táctil-ópticas": coube a Plotino em relação a Platão, e a Espinosa em relação a Descartes, elevar-se a um mundo óptico puro. As noções comuns, por serem concernentes a relações de projeção, já são figuras ópticas (embora mantenham ainda um mínimo de referências tácteis). Mas as essências são puras figuras de luz: são em si mesmas "contemplações", isto é, contemplam tanto quanto são contempladas, numa unidade de Deus, do sujeito ou do objeto (*perceptos*). As noções comuns remetem a relações de movimento e de repouso que constituem velocidades relativas; as essências, ao contrário, são velocidades absolutas que não compõem o espaço por projeção, mas o preenchem de uma só vez, num único golpe.[7] Uma das contribuições mais relevantes de Jules Lagneau foi ter mostrado a importância das velocidades no pensamento tal como Espinosa o concebe, embora Lagneau reconduza a velocidade absoluta a uma velocidade relativa.[8] São estas, contudo, as duas características das essências: *velocidade absoluta e não mais relativa, figuras de luz e não mais figuras geométricas reveladas pela luz.* A velocidade relativa é a das afecções e dos afectos: velocidade da ação de um corpo sobre outro no espaço, velocidade da passagem de um estado a outro na duração. O que as noções apreendem são relações entre velocidades relativas. Mas a velocidade absoluta é a maneira pela qual

ras de luz (assim em *Durée et simultaneité*, cap. V, Bergson pode dizer que a teoria da Relatividade inverte a subordinação tradicional das figuras de luz às figuras geométricas sólidas). Em arte, o pintor Delaunay opõe as figuras de luz às figuras geométricas do cubismo, assim como da arte abstrata.

[7] Yvonne Toros (cap. VI) marca precisamente dois aspectos ou dois princípios da geometria de Desargues: um, de homologia, concerne às projeções; o outro, que será chamado de "dualidade", diz respeito à correspondência da linha com o ponto, do ponto com o plano. É aí que o paralelismo recebe uma nova compreensão, visto que se estabelece entre um ponto do pensamento (ideia de Deus) e um desdobramento infinito na extensão.

[8] Jules Lagneau, *Célèbres leçons et fragments*, Paris, PUF, pp. 67-8 (a "rapidez do pensamento", da qual só se encontra equivalente em música e que repousa menos sobre o absoluto que sobre o relativo).

uma essência sobrevoa na eternidade seus afectos e suas afecções (velocidade de potência).

Para que o Livro V constitua por si só uma terceira *Ética* não basta que tenha um objeto específico; seria preciso que empreendesse um método distinto dos outros dois. Não parece ser esse o caso, já que ele só apresenta elementos demonstrativos e escólios. Contudo, o leitor tem a impressão de que o método geométrico adquire aqui um ar selvagem e inusitado, *[185]* que quase o faz acreditar que o Livro V não passa de uma versão provisória, um rascunho: as proposições e as demonstrações são atravessadas por hiatos tão violentos, comportam tantas elipses e contrações que os silogismos parecem substituídos por simples "entimemas".[9] Quanto mais se lê o Livro V, mais parece que esses traços não são imperfeições no exercício do método, nem maneiras de cortar caminho, porém convêm perfeitamente às essências, porquanto superam qualquer ordem de discursividade e de dedução. Não são simples procedimentos de fato, mas todo um procedimento de direito. É que, no nível dos conceitos, o método geométrico é um método de exposição que exige completude e saturação; por isso as noções comuns são expostas por si mesmas, a partir das mais universais, como numa axiomática, sem que seja preciso perguntar como se chega efetivamente a *uma* noção comum. Mas o método geométrico do Livro V é um método de invenção que procede por intervalos e saltos, hiatos e contrações, à maneira de um cão que procura, mais do que de um homem racional que expõe. Talvez supere qualquer demonstração, pois opera no "indecidível".

Quando os matemáticos não se consagram à constituição de uma axiomática, seu estilo de invenção apresenta estranhos poderes e os encadeamentos dedutivos são quebrados por longas descontinuidades, ou, ao contrário, são violentamente contraídos. Ninguém negava o gênio de Desargues, porém matemáticos como

[9] Cf. Aristóteles, *Primeiros analíticos*, II, 27: o entimema é um silogismo em que uma ou outra premissa está subentendida, oculta, suprimida, elidida. Leibniz retoma a questão (*Nouveaux essais*, I, cap. 1, par. 4 e 19) e mostra que o hiato não se faz só na exposição, mas em nosso próprio pensamento, e que "a força da conclusão consiste em parte naquilo que se suprime".

Huyghens ou Descartes tinham dificuldade em compreendê-lo. A demonstração de que todo plano é "polar" de um ponto e de que todo ponto é "polo" de um plano é tão rápida que é preciso suplementar tudo o que ela transpõe. Ninguém melhor do que Evariste Galois, que também encontrou muita incompreensão entre seus pares, descreveu esse pensamento que solavanca, pula, choca, que apreende essências singulares na matemática: os analistas "não deduzem, eles combinam, compõem; quando chegam à verdade, é trombando de um lado e *[186]* de outro que acabam caindo nela".[10] E, ainda uma vez, essas características não surgem como meras imperfeições na exposição, para fazer "mais rápido", porém como as potências de uma nova ordem de pensamento, ordem que conquista uma velocidade absoluta. Parece-nos que o Livro V dá testemunho desse pensamento, irredutível àquele que se desenvolve por noções comuns ao longo dos quatro primeiros livros. Se os livros, como diz Blanchot, têm por correlato "a ausência de livro" (ou um livro mais secreto feito de carne e de sangue), o Livro V pode ser essa ausência ou esse segredo em que os signos e os conceitos desfalecem e as coisas se põem a escrever por si mesmas e para si mesmas, transpondo intervalos de espaço.

Seja a proposição 10: "Durante o tempo em que não somos atormentados pelos afectos que são contrários à nossa natureza, temos o poder de ordenar e encadear as afecções do corpo segundo uma ordem relativa ao entendimento". Entre a subordinada e a principal se evidencia uma falha imensa, um intervalo, pois os afectos contrários à nossa natureza nos impedem antes de tudo de

[10] Cf. textos de Galois em André Dalmas, *Evariste Galois*, Paris, Fasquelle, 1956, p. 121. E p. 112 ("deve-se o tempo todo indicar o andamento dos cálculos e prever os resultados sem jamais poder efetuá-los [...]"), p. 132 ("também nessas duas memórias e sobretudo na segunda encontraremos a fórmula *não sei* [...]"). Haveria pois um estilo, mesmo em matemática, que se definiria pelos modos de hiatos, de elisão e de contração no pensamento como tal. Encontram-se a esse respeito indicações preciosas em Gilles Gaston Granger, *Essai d'une philosophie du style* (Paris, Odile Jacob, 1988), ainda que o autor tenha uma concepção inteiramente distinta do estilo em matemática (pp. 20-1).

formar noções comuns, já que eles dependem de corpos que desconvêm com o nosso; ao contrário, cada vez que um corpo convém com o nosso, e aumenta nossa potência (alegria), uma noção comum aos dois corpos pode ser formada, de onde decorrerão uma ordem e um encadeamento ativos das afecções. Nessa falha voluntariamente escavada, as ideias de conveniência entre dois corpos e de noção comum restrita só possuem presença implícita, e ambas só aparecem caso se reconstitua uma cadeia que falta: intervalo duplo. Se não se faz essa reconstituição, se não se preenche esse claro, não só a demonstração não é conclusiva como continuaremos para sempre indecisos sobre a questão fundamental: como chegamos a formar uma noção comum qualquer? e por que se trata de uma noção *[187]* menos universal (comum a nosso corpo e a *um* outro)? O intervalo, o hiato têm por função aproximar ao máximo termos distantes como tais e garantir assim uma velocidade de sobrevoo absoluto. As velocidades podem ser absolutas e contudo maiores ou menores. A grandeza de uma velocidade absoluta se mede precisamente pela distância que ela transpõe de um só golpe, isto é, pelo número de intermediários que ela envolve, sobrevoa ou subentende (neste caso, dois pelo menos). Sempre há saltos, lacunas e rupturas como características positivas do terceiro gênero.

Um outro exemplo seria dado pelas proposições 14 e 22, onde se passa, desta vez por contração, da ideia de Deus como a mais universal noção comum à ideia de Deus como a mais singular essência. É como se saltássemos da velocidade relativa (a maior) para a velocidade absoluta. Enfim, para nos atermos a um pequeno número de exemplos, a demonstração 30 traça, mas em pontilhado, uma espécie de triângulo sublime cujos vértices são figuras de luz (o eu, o Mundo e Deus) e cujos lados, como distâncias, são percorridos por uma velocidade absoluta que se revela por sua vez como sendo a maior. As características especiais do Livro V, sua maneira de superar o método dos livros precedentes, remetem sempre ao seguinte: a velocidade absoluta das figuras de luz.

A *Ética* das definições, axiomas e postulados, demonstrações e corolários, é um livro-rio que desenvolve o seu curso. Mas a *Ética* dos escólios é um livro de fogo, subterrâneo. A *Ética* do Livro V é um livro aéreo, de luz, que procede por relâmpagos. Uma lógica do signo, uma lógica do conceito, uma lógica da essência: a Sombra, a Cor, a Luz. Cada uma das três *Éticas* coexiste com as demais e se prolonga nas demais, apesar de suas diferenças de natureza. É um único e mesmo mundo. Cada uma estende passarelas para transpor o vazio que as separa.

REFERÊNCIAS*

Capítulo 2. "Louis Wolfson, ou le procédé", prefácio a Louis Wolfson, *Le Schizo et les langues*, Paris, Gallimard, 1970.

Capítulo 4. "Le Plus grand film irlandais (*Film* de Beckett)", *Beckett*, *Revue d'Esthétique*, 1986.

Capítulo 5. "Sur quatre formules poétiques qui pourraient résumer la philosophie kantienne", *Philosophie*, nº 9, inverno de 1986.

Capítulo 6. "Nietzsche et saint Paul, Lawrence et Jean de Patmos", Fanny e Gilles Deleuze, prefácio a D. H. Lawrence, *Apocalypse*, Paris, Balland, 1978.

Capítulo 7. "Re-présentation de Masoch", *Libération*, 18 de maio de 1989.

Capítulo 10. "Bartleby, ou la formule", posfácio a Herman Melville, *Bartleby*, Paris, Flammarion, 1989.

Capítulo 12. "Mystère de Ariane selon Nietzsche", *Philosophie*, nº 17, inverno de 1987.

Capítulo 16. "Platon, les Grecs", em Barbara Cassin (org.), *Nos Grecs et leurs modernes*, Paris, Seuil, 1992.

* A maioria desses textos está modificada e aumentada.

ÍNDICE ONOMÁSTICO

As páginas indicadas são as da edição original francesa, inseridas entre colchetes e em itálico ao longo do texto.

BIBLIOGRAFIA DE GILLES DELEUZE

David Hume, sa vie, son oeuvre, avec un exposé de sa philosophie (com André Cresson). Paris: PUF, 1952.

Empirisme et subjectivité: essai sur la nature humaine selon Hume. Paris: PUF, 1953 [ed. bras.: *Empirismo e subjetividade: ensaio sobre a natureza humana segundo Hume*, trad. Luiz B. L. Orlandi, São Paulo: Editora 34, 2001].

Instincts et institutions: textes et documents philosophiques (organização, prefácio e apresentações de Gilles Deleuze). Paris: Hachette, 1953 [ed. bras.: "Instintos e instituições", trad. Fernando J. Ribeiro, in Carlos Henrique Escobar (org.), *Dossier Deleuze*, Rio de Janeiro: Hólon, 1991, pp. 134-7].

Nietzsche et la philosophie. Paris: PUF, 1962 [ed. bras.: *Nietzsche e a filosofia*, trad. Ruth Joffily Dias e Edmundo Fernandes Dias, Rio de Janeiro: Editora Rio, 1976; nova ed. bras.: trad. Mariana de Toledo Barbosa e Ovídio de Abreu Filho, São Paulo: n-1 edições, 2018].

La Philosophie critique de Kant. Paris: PUF, 1963 [ed. bras.: *Para ler Kant*, trad. Sônia Pinto Guimarães, Rio de Janeiro: Francisco Alves, 1976; nova ed. bras.: *A filosofia crítica de Kant*, trad. Fernando Scheibe, Belo Horizonte: Autêntica, 2018].

Proust et les signes. Paris: PUF, 1964; 4ª ed. atualizada, 1976 [ed. bras.: *Proust e os signos*, trad. da 4ª ed. fr. Antonio Piquet e Roberto Machado, Rio de Janeiro: Forense Universitária, 1987].

Nietzsche. Paris: PUF, 1965 [ed. port.: *Nietzsche*, trad. Alberto Campos, Lisboa: Edições 70, 1981].

Le Bergsonisme. Paris: PUF, 1966 [ed. bras.: *Bergsonismo*, trad. Luiz B. L. Orlandi, São Paulo: Editora 34, 1999 (incluindo os textos "A concepção da diferença em Bergson", 1956, trad. Lia Guarino e Fernando Fagundes Ribeiro, e "Bergson", 1956, trad. Lia Guarino)].

Présentation de Sacher-Masoch. Paris: Minuit, 1967 [ed. bras.: *Apresentação de Sacher-Masoch*, trad. Jorge Bastos, Rio de Janeiro: Taurus, 1983;

nova ed. como *Sacher-Masoch: o frio e o cruel*, Rio de Janeiro: Zahar, 2009].

Différence et répétition. Paris: PUF, 1968 [ed. bras.: *Diferença e repetição*, trad. Luiz B. L. Orlandi e Roberto Machado, Rio de Janeiro: Graal, 1988, 2ª ed., 2006; 3ª ed., Rio de Janeiro: Paz e Terra, 2018].

Spinoza et le problème de l'expression. Paris: Minuit, 1968 [ed. bras.: *Espinosa e o problema da expressão*, trad. GT Deleuze — 12, coord. Luiz B. L. Orlandi, São Paulo: Editora 34, 2017].

Logique du sens. Paris: Minuit, 1969 [ed. bras.: *Lógica do sentido*, trad. Luiz Roberto Salinas Fortes, São Paulo: Perspectiva, 1982].

Spinoza. Paris: PUF, 1970 [ed. port.: *Espinoza e os signos*, trad. Abílio Ferreira, Porto: Rés-Editora, s.d.].

L'Anti-OEdipe: capitalisme et schizophrénie 1 (com Félix Guattari). Paris: Minuit, 1972 [ed. bras.: *O anti-Édipo: capitalismo e esquizofrenia 1*, trad. Georges Lamazière. Rio de Janeiro: Imago, 1976; ed. port.: trad. Joana M. Varela e Manuel M. Carrilho, Lisboa: Assírio & Alvim, s.d.; nova ed. bras.: trad. Luiz B. L. Orlandi, São Paulo: Editora 34, 2010].

Kafka: pour une littérature mineure (com Félix Guattari). Paris: Minuit, 1975 [ed. bras.: *Kafka: por uma literatura menor*, trad. Júlio Castañon Guimarães, Rio de Janeiro: Imago, 1977; nova ed. bras.: trad. Cíntia Vieira da Silva, Belo Horizonte: Autêntica, 2014].

Rhizome (com Félix Guattari). Paris: Minuit, 1976 (incorporado em *Mille plateaux*).

Dialogues (com Claire Parnet). Paris: Flammarion, 1977; nova edição, 1996, contendo, em anexo, o texto de Gilles Deleuze "L'Actuel et le virtuel" [ed. bras.: *Diálogos*, trad. Eloisa Araújo Ribeiro, São Paulo: Escuta, 1998; ed. bras. de "L'Actuel et le virtuel": "O atual e o virtual", trad. Heloisa B. S. Rocha,"*in* Éric Alliez, *Deleuze: filosofia virtual*, São Paulo: Editora 34, 1996; nova ed. bras.: trad. Eduardo Mauricio da Silva Bomfim, São Paulo: Lumme, 2017].

Superpositions (com Carmelo Bene). Paris: Minuit, 1979.

Mille plateaux: capitalisme et schizophrénie 2 (com Félix Guattari). Paris: Minuit, 1980 [ed. bras. em cinco volumes: *Mil platôs: capitalismo e esquizofrenia 2* — *Mil platôs*: vol. 1, incluindo: "Prefácio à edição italiana", 1988; "Introdução: Rizoma"; "1914: um só ou vários lobos?" e "10.000 a.C.: a geologia da moral (Quem a terra pensa que é?)", trad. Aurélio Guerra Neto e Célia Pinto Costa, Rio de Janeiro: Editora 34, 1995 — *Mil platôs*: vol. 2, incluindo: "20 de novembro de 1923: postulados da linguística" e "587 a.C.-70 d.C.: sobre alguns regimes de signos", trad. Ana Lúcia de Oliveira e Lúcia Cláudia Leão, Rio de Janeiro: Editora 34, 1995 — *Mil platôs*, vol. 3, incluindo: "28 de novembro de 1947: como criar para si um corpo sem órgãos"; "Ano zero: rostidade"; "1874: três novelas ou 'O que se passou?'" e "Micropolítica e segmentaridade", trad. Aurélio Guerra Neto, Ana Lúcia de Oliveira, Lúcia Cláudia Leão e Suely Rolnik, São Paulo: Editora 34, 1996 — *Mil platôs*, vol. 4, incluindo: "1730: devir-intenso, devir-animal, devir-imperceptível" e "1837: sobre o ritornelo", trad. Suely Rolnik, São Paulo: Editora 34, 1997 — *Mil platôs*, vol. 5, incluindo: "1227: tratado de nomadologia: a máquina de guerra"; "7.000 a.C.: aparelho de captura"; "1440: o liso e o estriado" e "Regras concretas e máquinas abstratas", trad. Peter Pál Pelbart e Janice Caiafa, São Paulo: Editora 34, 1997].

Spinoza: philosophie pratique. Paris: Minuit, 1981 [ed. bras.: *Espinosa: filosofia prática*, trad. Daniel Lins e Fabien Pascal Lins, São Paulo: Escuta, 2002].

Francis Bacon: logique de la sensation, vols. 1 e 2. Paris: Éd. de la Différence, 1981, 2ª ed. aumentada, 1984 [ed. bras.: *Francis Bacon: lógica da sensação* (vol. 1), trad. Aurélio Guerra Neto, Bruno Lara Resende, Ovídio de Abreu, Paulo Germano de Albuquerque e Tiago Seixas Themudo, coord. Roberto Machado, Rio de Janeiro: Zahar, 2007].

Cinéma 1 — L'Image-mouvement. Paris: Minuit, 1983 [ed. bras.: *Cinema 1 — A imagem-movimento*, trad. Stella Senra, São Paulo: Brasiliense, 1985; 2ª ed. revista, São Paulo: Editora 34, 2018].

Cinéma 2 — L'Image-temps. Paris: Minuit, 1985 [ed. bras.: *Cinema 2 — A imagem-tempo*, trad. Eloisa Araújo Ribeiro, São Paulo: Brasiliense, 1990; 2ª ed. revista, São Paulo: Editora 34, 2018].

Foucault. Paris: Minuit, 1986 [ed. port.: *Foucault*, trad. José Carlos Rodrigues, Lisboa: Vega, 1987; ed. bras.: trad. Claudia Sant'Anna Martins, São Paulo: Brasiliense, 1988].

Le Pli: Leibniz et le baroque. Paris: Minuit, 1988 [ed. bras.: *A dobra: Leibniz e o barroco*, trad. Luiz B. L. Orlandi, Campinas: Papirus, 1991; 2ª ed. revista, 2000].

Périclès et Verdi: la philosophie de François Châtelet. Paris: Minuit, 1988 [ed. bras.: *Péricles e Verdi: a filosofia de François Châtelet*, trad. Hortência S. Lencastre, Rio de Janeiro: Pazulin, 1999].

Pourparlers (1972-1990). Paris: Minuit, 1990 [ed. bras.: *Conversações (1972-1990)*, trad. Peter Pál Pelbart, Rio de Janeiro: Editora 34, 1992].

Qu'est-ce que la philosophie? (com Félix Guattari). Paris: Minuit, 1991 [ed. bras.: *O que é a filosofia?*, trad. Bento Prado Jr. e Alberto Alonso Muñoz, Rio de Janeiro: Editora 34, 1992].

L'Épuisé, em seguida a *Quad, Trio du Fantôme, ... que nuages..., Nacht und Träume* (de Samuel Beckett). Paris: Minuit, 1992 [ed. bras.: *Sobre o teatro: O esgotado e Um manifesto de menos*, trad. Fátima Saadi, Ovídio de Abreu e Roberto Machado, intr. Roberto Machado, Rio de Janeiro: Zahar, 2010].

Critique et clinique. Paris: Minuit, 1993 [ed. bras.: *Crítica e clínica*, trad. Peter Pál Pelbart, São Paulo: Editora 34, 1997].

L'Abécédaire de Gilles Deleuze, entrevista a Claire Parnet realizada por P. A. Boutang em 1988 e transmitida em série televisiva a partir de novembro de 1995 pela TV-ART, Paris: Vídeo Edition Montparnasse, 1996. Ver também em www.youtube.com: "El abecedario de Gilles Deleuze", com legendas em espanhol.

L'Île déserte et autres textes (textes et entretiens 1953-1974) (org. David Lapoujade). Paris: Minuit, 2002 [ed. bras.: *A ilha deserta e outros textos (textos e entrevistas 1953-1974)*, trad. Cíntia Vieira da Silva (textos 7, 24, 36), Christian Pierre Kasper (textos 33, 37, 39), Daniel Lins (texto 38), Fabien Pascal Lins (textos 17, 29, 31), Francisca Maria Cabrera (textos 10, 11, 32), Guido de Almeida (texto 22), Hélio Rebello Cardoso Júnior (textos 3, 6, 8, 9, 21), Hilton F. Japiassú (texto 23), Lia de Oliveira Guarino (texto 4), Lia de Oliveira Guarino e Fernando Fagundes Ribeiro (texto 5), Luiz B. L. Orlandi (apresentação e textos 1, 2, 12, 14, 15, 19, 20, 27, 28, 35), Milton Nascimento (texto 34), Peter Pál Pelbart (texto 16), Roberto Machado (texto 26), Rogério da Costa Santos (texto 30), Tiago Seixas Themudo (textos 13, 25), Tomaz Tadeu e Sandra Corazza (texto 18), coord. Luiz B. L. Orlandi, São Paulo: Iluminuras, 2006].

Deux régimes de fous (textes et entretiens 1975-1995) (org. David Lapoujade). Paris: Minuit, 2003 [ed. bras.: *Dois regimes de loucos: textos e entrevistas (1975-1995)*, trad. Guilherme Ivo, rev. técnica Luiz B. L. Orlandi, São Paulo: Editora 34, 2016].

Lettres et autres textes (org. David Lapoujade). Paris: Minuit, 2015 [ed. bras.: *Cartas e outros textos*, trad. Luiz B. L. Orlandi, São Paulo: n-1 edições, 2018].

SOBRE O AUTOR

Gilles Deleuze nasceu em 18 de janeiro de 1925, em Paris, numa família de classe média. Perdeu seu único irmão, mais velho do que ele, durante a luta contra a ocupação nazista. Gilles apaixonou-se por literatura, mas descobriu a filosofia nas aulas do professor Vial, no Liceu Carnot, em 1943, o que o levou à Sorbonne no ano seguinte, onde obteve o Diploma de Estudos Superiores em 1947 com um estudo sobre David Hume (publicado em 1953 como *Empirismo e subjetividade*). Entre 1948 e 1957 lecionou no Liceu de Amiens, no de Orléans e no Louis-Le-Grand, em Paris. Já casado com a tradutora Fanny Grandjouan em 1956, com quem teve dois filhos, trabalhou como assistente em História da Filosofia na Sorbonne entre 1957 e 1960. Foi pesquisador do CNRS até 1964, ano em que passou a lecionar na Faculdade de Lyon, lá permanecendo até 1969. Além de Jean-Paul Sartre, teve como professores Ferdinand Alquié, Georges Canguilhem, Maurice de Gandillac, Jean Hyppolite e Jean Wahl. Manteve-se amigo dos escritores Michel Tournier, Michel Butor, Jean-Pierre Faye, além dos irmãos Jacques e Claude Lanzmann e de Olivier Revault d'Allonnes, Jean-Pierre Bamberger e François Châtelet. Em 1962 teve seu primeiro encontro com Michel Foucault, a quem muito admirava e com quem estabeleceu trocas teóricas e colaboração política. A partir de 1969, por força dos desdobramentos de Maio de 1968, firmou sua sólida e produtiva relação com Félix Guattari, de que resultaram livros fundamentais como *O anti-Édipo* (1972), *Mil platôs* (1980) ou *O que é a filosofia?* (1991). De 1969 até sua aposentadoria em 1987 deu aulas na Universidade de Vincennes (hoje Paris VIII), um dos centros do ideário de Maio de 68. Em 1995, quando o corpo já doente não pôde sustentar a vitalidade de seus encontros, o filósofo decide conceber a própria morte: seu suicídio ocorre em Paris em 4 de novembro desse ano. O conjunto de sua obra — em que se destacam ainda os livros *Diferença e repetição* (1968), *Lógica do sentido* (1969), *Cinema 1: A imagem-movimento* (1983), *Cinema 2: A imagem-tempo* (1985), *Crítica e clínica* (1993), entre outros — deixa ver, para além da pluralidade de conexões que teceu entre a filosofia e seu "fora", a impressionante capacidade de trabalho do autor, bem como sua disposição para a escrita conjunta, e até para a coescrita, como é o caso dos livros assinados com Guattari.

SOBRE O TRADUTOR

Peter Pál Pelbart nasceu em Budapeste, na Hungria, em 1956, e ainda criança mudou-se com sua família para o Brasil. Formado em Filosofia pela Universidade de Paris IV — Sorbonne, em 1983, concluiu o mestrado na Pontifícia Universidade Católica de São Paulo em 1988. Fez o doutorado na Faculdade de Filosofia, Letras e Ciências Humanas da Universidade de São Paulo em 1996, e a livre-docência na PUC-SP em 2004, instituição onde leciona desde 1989, sendo atualmente professor titular com atuação nas áreas de Filosofia e Psicologia Clínica.

É autor dos livros *Da clausura do fora ao fora da clausura* (Brasiliense, 1989; 2ª ed., Iluminuras, 2009), *A nau do tempo-rei* (Imago, 1993), *O tempo não-reconciliado: imagens de tempo em Deleuze* (Perspectiva, 1998), *A vertigem por um fio* (Iluminuras, 2000), *Vida capital: ensaios de biopolítica* (Iluminuras, 2003), *Nietzsche e Deleuze: bárbaros, civilizados* (organização com Daniel Lins, Annablume, 2004), *Filosofía de la deserción: niilismo, locura y comunidad* (Buenos Aires, Tinta Limón, 2009) e *O avesso do niilismo: cartografias do esgotamento* (São Paulo, n-1 edições, 2013; 2ª ed., 2017).

É coordenador da Cia. Teatral Ueinzz e da editora n-1 edições, e autor das traduções de *Conversações* (1992) e *Crítica e clínica* (1997), de Gilles Deleuze, além de parte do volume 5 de *Mil platôs*, de Gilles Deleuze e Félix Guattari (1997), todos publicados pela Editora 34.

COLEÇÃO TRANS
direção de Éric Alliez

Gilles Deleuze e Félix Guattari
O que é a filosofia?

Félix Guattari
Caosmose

Gilles Deleuze
Conversações

Barbara Cassin, Nicole Loraux, Catherine Peschanski
Gregos, bárbaros, estrangeiros

Pierre Lévy
As tecnologias da inteligência

Paul Virilio
O espaço crítico

Antonio Negri
A anomalia selvagem

André Parente (org.)
Imagem-máquina

Bruno Latour
Jamais fomos modernos

Nicole Loraux
Invenção de Atenas

Éric Alliez
A assinatura do mundo

Maurice de Gandillac
Gêneses da modernidade

Gilles Deleuze e Félix Guattari
Mil platôs
(Vols. 1, 2, 3, 4 e 5)

Pierre Clastres
Crônica dos índios Guayaki

Jacques Rancière
Políticas da escrita

Jean-Pierre Faye
A razão narrativa

Monique David-Ménard
A loucura na razão pura

Jacques Rancière
O desentendimento

Éric Alliez
Da impossibilidade da fenomenologia

Michael Hardt
Gilles Deleuze

Éric Alliez
Deleuze filosofia virtual

Pierre Lévy
O que é o virtual?

François Jullien
Figuras da imanência

Gilles Deleuze
Crítica e clínica

Stanley Cavell
Esta América nova, ainda inabordável

Richard Shusterman
Vivendo a arte

André de Muralt
A metafísica do fenômeno

François Jullien
Tratado da eficácia

Georges Didi-Huberman
O que vemos, o que nos olha

Pierre Lévy
Cibercultura

Gilles Deleuze
Bergsonismo

Alain de Libera
Pensar na Idade Média

Éric Alliez (org.)
Gilles Deleuze:
uma vida filosófica

Gilles Deleuze
Empirismo e subjetividade

Isabelle Stengers
A invenção das ciências modernas

Barbara Cassin
O efeito sofístico

Jean-François Courtine
A tragédia e o tempo da história

Michel Senellart
As artes de governar

Gilles Deleuze e Félix Guattari
O anti-Édipo

Georges Didi-Huberman
Diante da imagem

François Zourabichvili
Deleuze:
uma filosofia do acontecimento

Gilles Deleuze
Dois regimes de loucos:
textos e entrevistas (1975-1995)

Gilles Deleuze
Espinosa
e o problema da expressão

Gilles Deleuze
Cinema 1 — A imagem-movimento

Gilles Deleuze
Cinema 2 — A imagem-tempo

Este livro foi composto em Sabon,
pela Bracher & Malta, com CTP e
impressão da Bartira Gráfica e Editora em papel Pólen Soft 80 g/m² da
Cia. Suzano de Papel e Celulose para
a Editora 34, em junho de 2019.